# 京都怪奇談

## 幽冥之門篇

怪談和尚の
京都怪奇譚
幽冥の門篇

三木大雲
林以庭 譯

# 目次

# 前言

「嘿，和尚，『鬼』看起來是什麼樣子的呀？」

一個來參加法會的小朋友在墳墓前向我問道。

「這個嘛，看起來有點透明吧。」

「是喔，那鬼是壞人嗎？」

「當然不是啊，祂們人很好的。」

聽我這麼說，那孩子像是鬆了一口氣。

「太好了。」

「為什麼要說太好了？」

「因為這裡站著一大堆透明的人呀。」

經常發生這樣的事，我以為自己是講道的人，卻反倒被上了一課。就算自認為很了解的領域，其實還是有很多事情是自己不知道的。

東日本大地震後，有許多人在災區目睹了幽靈，也有好幾個人跟我分享了他們的故事。有一個人告訴我：

「我真的看見了去世的母親，但令人沮喪的是，沒有人願意相信我。」

我現在依然記得他說這句話時，眼裡含著淚水。遺憾的是，現代科學並無法證實靈魂的存在。

雖然本書寫的是怪談和神祕事件，但不會去追求故事的真實性。比起故事的真實性，我更注重我們活著的人，可以從這些不可思議的故事中學到什麼。

活著的意義是什麼？我們又該如何活著？關於活著的人們面臨的根本問題和疑問，我們可以從神祕現象中學到很多。

此外，本書的內容與名為「三木大雲channel」的怪談講道YouTube頻道也有一些關聯。本書也寫出了我在YouTube上沒辦法一一解釋的細節。如果可以的話，請先觀看「三木大雲channel」的影片後再來閱讀本書，我想會更有樂趣。當然，就算沒看過影片也不會影響本書的閱讀。

我衷心希望這本書能幫助大家找到生活的力量。

# 第一章

# 奇

「奇」這個文字代表稀有的事物，或難以理解的現象。

比方說，有個詞叫做「奇妙」。「妙」這個字有稀有、罕見、不可思議的意思。

當我們說「發生了奇妙的事」，指的就是發生了極為罕見的不可思議事件。我們僧侶誦讀的經文《妙法蓮華經》有時會簡稱為《妙法》。所謂妙法，換句話說就是「不可思議的法則」，而這篇經文裡記載了不可思議的法則的意思。

此外，「奇怪」這個詞，則代表著以下含義。

「怪」這個字有可疑、怪異的意思，可以用來形容怪異而難以理解的現象。

奇妙、怪奇、奇怪、奇異、奇緣、離奇……都是用現代科學也難以解釋的現象。「奇妙」的世界或許會突然出現在大家面前也說不定。

# 蓮久寺

我初次造訪蓮久寺是距今約三十年前的事情。住持的岳母過世了，所以我去參加喪禮。

由於過世的住持岳母平時不太出門，再加上年事已高，因此前來參加喪禮的人並不多。

我出家的寺廟與蓮久寺偶有往來，所以前去參加了喪禮，但我和住持的岳母素未謀面。所以，這也是我第一次踏入蓮久寺的大門。

一進門登記完以後，我就被帶到了休息室，休息室是一個非常古色古香的房間。

房間呈八角形，由焦糖色的木材建成。

正中間的桌子，是由一塊圓板放在豎立於地面的圓柱上組成，坐的地方是牆壁上突出的坐面，正好環繞著圓桌。因為入口只有一個，所以要按照進來的順序依次往裡面走。入口處門上的窗戶，是由顏色漂亮的彩繪玻璃製成，最別緻的是八角形的天花板，這裡也鑲嵌着色彩鮮豔的彩繪玻璃。

對於我這種熱愛明治、大正、昭和時期的設計和建築的人來說，這是最夢寐以求的空間。我也很羨慕蓮久寺的住持每天都能使用這樣的房間。

我在這個房間裡等待喪禮開始時，一位穿著漂亮和服的女人走了進來。

「感謝您舟車勞頓前來參拜。」她對我這麼說，並端上了一杯茶。這位女性漂亮的和服及優雅的舉止令我不禁看了出神。

這時，認識的和尚來通知我喪禮要開始了。

我立刻回過神來，前往正殿參加喪禮。

喪禮結束後，我實在是太想跟別人分享那個房間有多美，我甚至把它畫成圖，說給父母和朋友聽。

大約十年後，托「御唱名菩薩」的福（詳情請參照《京都怪奇談2》），有人來詢問我有沒有意願擔任蓮久寺的住持。

前任住持夫妻告訴我，因為信眾太少，光靠寺廟的收入是無法維生的。但我一心想成為京都市內的寺廟住持，這是夢寐以求的好機會，沒有理由拒絕。而且，只要我擔任住持，我就可以再一次踏進那個房間——這令我雀躍得不得了。

幾個月後，當我去蓮久寺交接業務的時候，我問了前任住持夫妻，那個房間現在怎麼樣了。

想不到，前任住持歪了歪頭。

「你在說什麼？我們寺廟裡沒有那樣的房間呀。」

怎麼可能。我對那個房間的細節記憶猶新，還在那個房間裡喝了茶，大概待了半個小時以上。

而且，當時還有一位女性端了茶來給我。

「根本就沒有你說的那個人。況且，怎麼會有人在喪禮上穿那麼漂亮的和服呢？別胡說八道了！」

……聽對方這麼說，確實有道理。端茶給我的女性穿著一襲以紅色為基調的漂亮和服，但沒有人會穿這麼鮮豔的和服來參加喪禮。

所以當時的我，完全不知道那個房間到底在哪裡，也不曉得那名女性是誰。

在與前任住持交接的過程中得知，這座寺廟的紅色大門是來自一位名為「第二代吉野太夫」的太夫所捐贈的紅門。

「太夫」是藝妓的最高級別，這個頭銜只會授予擅長演奏古箏和三味線，以及具備廣泛知識和教養的人。

當時，蓮久寺又被稱作「出人頭地寺」，事實上，歷代住持都出人頭地轉往其他規模更大的寺廟了。

聽完了這一番話，我心想，也許當時的女性就是第二代吉野太夫。到了住持交接的時候，我在正殿許下心願，並表達了我的決心。

「如果第二代吉野太夫您還在的話，也請幫助我在技藝方面有所成長。今後我將竭盡所能，將蓮久寺傳給後世。」

大約一個月後，我無意間看到電視廣告，一個較量口才的節目正在募集出演者。主題是鬼故事，獲勝的人還能獲得獎金。

當時寺廟幾乎沒有接到什麼工作，說來慚愧，我的生活費也相當吃緊，所以我就果斷報名了。

轉眼間，我就通過了篩選，最後一路晉級到決賽。最終我獲得了亞軍的名次，雖然沒有獎金，但仍然是一次獲益匪淺的經歷。

幾個月後，出版社聯繫了我，決定讓我出書。

我深信，我之所以繼出演電視節目後還能出版書籍，一定是因為有吉野太夫的支持，所以我在正殿誦經以表達我的謝意。

那天晚上，我的夢裡出現了一位穿著漂亮和服的女性。她拉著我的手，把我帶到了那個房間。

那位女性依然氣質優雅而美麗動人，而八角形的房間也一樣華美得讓人忘記時間的流逝。

從夢裡醒來以後，我心想，也許吉野太夫的時代真的有那麼一棟建築物也說不定。

遺憾的是，我無法讓大家看見我所見到的建築物和吉野太夫，但大家肯定能用心感受到。

我衷心期待大家來蓮久寺參拜的那一天到來。

# 山上的墓地

京都有很多墓地，有些信眾認為墓地離家越近越好，所以會選擇將亡者埋葬在住家附近的靈園，而不是蓮久寺境內的墓地。

我到墳前誦經的時候，通常都是和施主一起去的，但有時候會碰到施主年事已高等情況，那就變成是我自己一個人前往靈園。

這一天，我也是代替施主前往靈園。施主年事已高，膝蓋不太方便，再加上當時是冬季，天氣一冷膝蓋就會很疼痛，所以沒有和我同行。

在寺廟完成法會後，我獨自一人匆匆趕往京都市北部一座山上的市營公墓，但當我抵達時，太陽已經快下山了。

這個靈園的入口在山腳下，但是上山的路很窄，而且光線昏暗，從山腳下往上看，也看不清山頂。

沒有鋪砌的道路很難行走，左右兩側還都被樹木包圍，簡直像是在爬山一樣。

「呼、呼、呼……」

我氣喘吁吁的聲音迴蕩在樹木裡，又傳回到我的耳裡。

路上雖然有個看起來像是給人歇腳的小廣場，但天色漸漸變暗，時間上沒有餘裕讓我好好休息。我決定不停下腳步，繼續往前走。

（之前來的時候有花這麼多時間嗎？）

太陽已經快完全下山了，所以我走得比平時還要快，但不管我走了多久，卻永遠走不到山頂。

但我也只能埋頭繼續往前走。接著，不可思議的事情發生了，我又回到了剛才那個可以歇腳的廣場。

哈哈，被擺了一道呢。這時，我終於注意到了。

「嘿——天都要黑了，別鬧了。」

當我拔高音量時，我聽見樹林裡傳來小孩子般的笑聲，城市的夜景倏地出現在我的眼前。我已經抵達了山頂的墓地。

我用手機的手電筒往地上照了照，看見自己的腳印沿著山頂的廣場走出了一個圓。

在山上，時不時就會出現這種會惡作劇的……妖怪或是幽靈。而且，那裡還是一塊墓地，更容易起引一些神祕的現象。

我在漆黑之中對著墳墓誦經，就在我準備起身回家的時候，眼前浮現出一個像小型UFO一樣的光芒。

它大概有棒球那麼大，發出來的光芒照亮了道路。這顆球體輕飄飄地浮在空中，雖然在發光，但明顯散發出和火不一樣的光芒。

我仔細地觀察那顆光球，發現它開始沿著山路慢慢往下走，於是我緊跟著那顆光球一起下山。

和來的時候不同，轉眼間我就看到了墓地的入口。正當我想著「回程還真快」的時候，周圍忽然一片漆黑。因為光球消失了。

對這種光球的稱呼因人而異。

有些人會稱它為火球。在燈光尚未普及的時代，每當有光在黑暗中移動時，光的殘影看起來或許就像是燃燒的一團火焰。

在更古老的鎌倉時代，史書《吾妻鏡》中就有關於「發光物」的記載，並描述它的形狀酷似白鷺。

在現代，它們有時被稱作小型ＵＦＯ，有時被稱作大型光球。

而我之所以一路上不管怎麼走都走不到山頂，大概是山童或狐狸幹的好事吧。

不管怎麼樣，最好不要在深夜去山上或墓地。在我看來，那些地方存在著人類還無法理解的神祕世界，是不該輕易侵犯的地方。

隨著科學技術的發展，我們往往過於自信，認為世上不存在我們無法理解的事物。這次經歷反而讓我感到放心，神祕的世界仍然是存在的。希望我們今後也能繼續共存下去。

# 搬家

一提到京都人，似乎都是一些負面印象，像是「表裡不一」、「難搞」、「壞心眼」等等。

為什麼京都人會給人這樣的印象呢？雖然背後可能有許多故事，但我想稍微解釋一下我的想法。

京都人經常被提及的第一印象是「表裡不一」，但我認為這是京都人拐彎抹角的「溫柔」被人們誤解了。

有很多表達方式對於非京都人來說確實是很難理解，但這其實是京都人不想傷對方心的一種體貼。好吧，有時候只是單純雞婆……

京都是一個充滿體貼的城市，所以很多東西都會加上「お（o）」或「さん

（san）」來尊稱。

例如，「蕎麥麵」、「烏龍麵」、「豆腐」等，都會在開頭加上一個「お（o）」，不只能讓自己的談吐顯得優雅，又能對這些食物表示敬意。

此外，我們也會對「木匠」、「瓦作工匠」和「咖啡店」等職業加上「さん（san）」來稱呼。

把「寺廟」、「稻荷」這些神社寺廟的相關名詞，或是「醫生」、「豆腐店」等職業的稱呼，同時加上「お（o）」和「さん（san）」的情況也很常見。

像這樣，京都人會為他人著想，使用難以理解的表達方式，以免冒犯到對方。但人們也不知道京都人到底是怎麼想的，所以就會被誤解成「表裡不一」。

現在，有名女性搬到了擁有如此特殊文化的京都。這名女性如此說道……

我本來是在東京的一間設計公司工作。

公司主要是設計餐飲相關的菜單、宣傳用傳單、現場宣傳用海報。然而，受到新冠疫情蔓延的影響，委託量驟減，公司最後倒閉了。

於是我決定鼓起勇氣成立一間公司。

設計相關的工作基本上只要具備網路環境的話，就不會有什麼大問題。此外，我還想擴大業務領域，做一些在前公司沒有做過的工作，像是承接網頁製作的委託等。

雖然當時心裡多少有些不安，但期待和雀躍的心情更勝一籌。

只要有網路，就可以在日本的任何地方工作。我一直夢想著有一天能在京都生活，這也是為什麼我會決定搬到京都來。

既然都要搬到京都了，當然要租京町家[1]那樣的房子來住呀！為了實現我長久以來的心願，我聯繫了許多不動產公司四處尋找。幸運的是，雖然房租高了一些，但我成功租到了理想中的京町家。

那間房子是一棟兩層樓的建築，我決定把一樓當作辦公室兼工作室，並將生活空間放在二樓。

搬家當天，和天氣預報說的一樣，是個雨天。我曾經聽說，搬家時碰到下雨天是好兆頭，就像雨後的農作物會發芽一樣，幸福也會跟著萌芽。為了討個吉利，我特意看了天氣預報，挑了一個看起來會下雨的日子搬家。

等到所有東西都搬完的時候，太陽已經下山了。當天的正餐我都是買附近便利商店的便當解決的。

打包過來的紙箱都還沒拆封，吃飽飯以後也覺得很累，我就決定直接去睡覺了。

以前我都是睡在床上的，不知道有多久沒像這樣睡在榻榻米的被褥上了，我就這樣帶著懷念的心情睡著了。

但可能是因為來到一個全新的地方，再加上睡在榻榻米上的被褥裡，我在半夜裡突然醒來了。

---

1 京町家，使用傳統工法建造的木造房屋。

我看了手機一眼，時間是凌晨兩點。從二樓的窗戶往外看，外面的雨已經停了。不過，我還是能聞到空氣裡透過窗戶飄進來的雨味，所以我想外面的雨應該才剛停沒多久。

當我鑽進被窩裡打算再睡一覺時。

「嘎吱——嘎吱——」

四處傳來了這樣的聲音。

這就是所謂的「家鳴」吧。我聽了這些聲響好一會兒。家鳴在木造建築中屬於常見的現象，當木材因潮濕而膨脹或因乾燥而收縮時，就會發出這種聲音。

「喀嚓——嘎吱——」

因為雨才剛停沒多久，所以家鳴持續了好幾分鐘。

突然，我注意到家鳴裡混雜著不同的聲音。

「呼——」

聽起來就像是一個人嘆了口氣。

我不由自主地從被褥上坐了起來，環視了一下房間。

就在這個時候。有那麼一瞬間，我好像看見了一個小黑影消失在通往一樓的樓梯口。我立刻鑽進了被窩。

（剛才的黑影究竟是什麼……？）

我滿腦子都是那個黑影。仔細一想，在樓梯口的那個黑影好像是因為我忽然坐起身而嚇了一大跳，然後慌慌張張地下樓了……輪廓圓圓的，看起來好像有腳。

「那是一個身材嬌小的人影嗎……那是活人嗎？還是……」

想到這裡，我漸漸害怕起來，用棉被蒙住了頭，盡量不去想那個影子的事，然後不知不覺就睡著了。

一到早上，我檢查了昨晚那個影子經過的樓梯，但沒有發現任何痕跡。

也許是因為我住進了嚮往多年的京町家，興奮到產生幻覺了吧。不，一定就是這樣。

我只能這樣想，讓自己冷靜下來。我決定打起精神，先拆封搬家的紙箱，整理一下再說。

因為我是一個人住，生活用品也不多，工作用的設備不過就是幾部電腦，整理起來應該不會花太多時間。結果實際花費的時間比我預想的還要多，等到全都收拾完的時候，已經過了相當長的時間了。

不過，還有一件事必須要在今天完成。

介紹這間京町家給我的不動產公司告訴我，在京都落腳一定要做的一件事，就是跟鄰居打招呼。

我看了一眼時鐘，發現已經下午四點多了。我覺得這個時候正是適合去打招呼的好時機，於是便拿了一些清潔劑前往鄰居家問候送禮。

聽說和京都人相處很不容易，所以我有點緊張，但鄰居們都很友善，這讓我鬆了一口氣。然後，隔壁的老婆婆告訴了我這樣的事：在紙上寫下「十二月十二日」，倒過來貼在玄關上，就有防小偷的效果。

據說，這一天是天下大盜石川五右衛門在京都三條河原被處決的日子。而之所以要倒過來貼，是為了能更容易地讓從天花板探出頭來的小偷看見。

我決定馬上在辦公室製作這個護身符。因為工作性質的關係，我對設計特別講究。光是在紙上寫寫字就沒意思了，京都有很多寺廟和神社，御札的設計應該也很多樣化吧……

想到這裡，昨晚的記憶又忽然浮現出來。

（那個黑影究竟是什麼呢？）

不行，要是老想著這件事，又會再看見它的。我連忙停止繼續想下去。

做了一張防小偷的御札貼在玄關後，我發現自己從早上到現在什麼東西都沒吃。都已經到晚餐時間了。

這天，我一樣買了便利商店的便當，簡單解決一餐後，我決定再做一張御札。

部分原因是我作為一名設計師的個人嗜好，但更重要的是，無論昨晚的黑影是不是我的錯覺，我都想做點什麼。

御札要用什麼樣的設計才好，我想了很多。

說到御札，我就會聯想到一些類似文字的設計。

也許那些文字裡蘊含著神祕的意念，人們因此受到了保護。我應該在這張御札中注入什麼樣的意念呢？雖然我沒有那種神奇的力量，但我還是很用心地做了御札。

這時，我意識到了一件很重要的事情。自從我搬進這棟房子以來，我還沒有向應該第一個打招呼的對象好好打聲招呼。

那就是這棟房子。於是，我在心裡對這棟房子表達「從今以後請多多關照」的想法，一邊製作御札。

我在短冊大小的紙上畫了五顏六色的花朵，並在中間用大大的字寫下「請多關照」。

接著把御札貼在二樓的房間，並出聲說道：「從今以後請多多關照。」

雖然御札是我這麼一個門外漢親手做的，但我覺得它在某種程度上消除了我對那個黑影的恐懼。

那天晚上，我本來應該能夠帶著平靜的心情上床睡覺。然而，和昨晚一樣，我又在半夜醒來了。我隱隱約約感覺到有人的動靜，我很在意，環顧了房間好幾次，卻沒有看見像是影子的東西。

都說人類是一種適應能力很強的生物，隨著日子一天一天的過去，就算在深夜感覺到有人的動靜，我也能毫不介意地入睡了。

這樣的生活大約持續了兩個月，我的工作也進展得十分順利。我從來沒想過自己會因為公司倒閉而自己創業，甚至在短短兩個月內就接到這麼多訂單。我忙得分身乏術，委託的等待期因此拉得很長，有些客戶卻完全不介意，告訴我要等幾個月都沒問題，我真的很感激他們。

當時，前公司的同事聯繫我，說她要來京都玩，順便過來看看我。進公司以後，我跟她感情很好，我們經常在休假的時候一起來京都旅遊。她也是很喜歡京都的人。

當我說自己有點忙不過來的時候，她還主動說要幫我分擔一些工作。雖然我很樂在其中，但實在是忙得不可開交，真的很感謝她願意來幫忙。

我朋友甚至推遲了京都觀光行程，直接過來找我了。她人一到，馬上坐到電腦前幫我工作。

我們兩個人都很專心工作，回過神來的時候都已經過中午了。

我向朋友提議去充滿京都風情的餐廳吃飯，但她卻不打算離開電腦前，堅持要在今天把這份工作完成。雖然心裡覺得有些抱歉，但我還是接受了朋友的好意。

朋友單手拿著便利商店的飯糰，一邊埋頭苦幹。多虧有她，原本我一個人得花兩天以上處理的事居然在一天之內就完成了。工作完成的時間大概是晚上七點左右。

「謝謝，妳真的幫了我很大的忙。」

「沒什麼、沒什麼，別放在心上。如果妳要找員工的話，要記得找我喔。」

她現在剛好正在找工作。

「那當然，我還要拜託妳呢。」

當時我就想，照這樣下去，我們兩個一起在這裡工作的日子也不遠了。

儘管這是一份有趣的工作，但我們兩個都累壞了，連出去找個地方吃晚餐的力氣都沒有。於是我決定去附近的店家外帶便當回來，就在家裡吃了。

我們上了二樓的房間，把便當和飲料放在一張小小的桌袱臺上。

「感覺好像穿越到以前的時代了。」

我們兩個人喜歡京都的其中一個原因，就是對舊時代的嚮往。

「真好，我也想在這種地方生活。」

她一邊這麼說，撲通一聲倒在了榻榻米上。就在這個瞬間——

「是誰？」

她發出了近乎尖叫的響亮聲音，立刻站了起來。

「嚇死我了……怎麼了？」

我問道，但她的眼睛並沒有看著我，顯然是盯著我的身後。我戰戰兢兢地回頭一看，但那裡什麼都沒有。

「我們下樓吧。」

她說這句話的時候，視線沒有離開過我的身後。我突然害怕了起來，連理由都沒問就說：「嗯，好。」接著我們就一起下樓了。然後，她拿起行李就往外走。我別無選擇，只能跟著她走。

「怎麼了？妳看到什麼了？」

她一副不知道該不該說的樣子，有點害怕地回答道：

「這房子裡有個駝背老婆婆的幽靈。」

聽了這種話，我根本不敢一個人回家。我們轉而前往朋友下榻的飯店。等她稍微平靜下來以後，她才告訴我她看見了什麼。

就在她躺到榻榻米上的那一刻，一個從未見過的老婆婆從上方探頭看著她。

她嚇到立刻起身時，老婆婆已經移動到我的身後了。而且，老婆婆微微呈現透明的狀態，她直覺認為那是幽靈。

「那個老婆婆看起來是個什麼樣的人呀？」

雖然我很害怕，但我又有股想知道細節的衝動。

據朋友的說法，老婆婆穿著割烹服（日式圍裙），彎著腰，頭上綁著手拭巾，臉上掛著冷笑。

她以前從來沒有跟我說過這樣的事情。相反的，她是那種不相信靈異故事的人。因此，當她擔驚受怕又神情凝重地說出這件事時，我就確信她既沒有撒謊，也不是看錯了。當然，我自己經歷過的事也加強了這份確信。

我告訴她我在搬家的第一天晚上看到黑影的事。那個影子之所以看起來圓圓的，或許就是因為老婆婆駝背吧。

我也恍然大悟，我在房間裡一直感覺到有人的動靜，肯定就是那位老婆婆的關係。

這天我實在不敢回家，所以就和朋友一起在飯店過夜。

隔天，朋友找了一個她認識、具有靈異體質的人詢問了這件事，對方教了我怎麼驅趕幽靈。

那就是「大聲威嚇祂們」。只要在看見幽靈的地方說「滾出這間房子」，大部分的幽靈都會離開的。

真的只要這麼做就好了嗎……雖然心裡有些疑慮，但我抱持著抓住救命稻草般的心情，和朋友一起回到房子裡，馬上在一樓和二樓喊道：「滾出這間房子！」朋友說這下肯定就會沒事，然後就回去了。

畢竟是有靈異體質的人給的建議，我也想相信這麼做是沒問題的，但更令人毛骨悚然的事情開始發生了。

這天晚上，我在睡前去了一趟一樓的廁所。

「叩叩、叩叩。」

我感覺到背脊發涼。突然有人敲了廁所的門，但朋友早就離開了，家裡只有我自己一個人。

我心想，絕對不能回應，所以我沒有回敲門，只是在廁所裡靜靜地觀察情況。下一秒，廁所的燈忽然熄滅了。

我不由自主地覺得自己應該出聲威嚇，所以我大喊道：「是誰！給我滾出去！」接著，燈又亮了。

就在我鬆了一口氣時，廁所裡的燈像是被開開關關一樣開始忽明忽暗。

我嚇得在廁所裡哭了起來。然後燈又亮了，當我拔腿衝出廁所時，發現一樓所有的燈都暗了。在房間的一個角落裡，我看見了那一團黑影。

房間裡一片漆黑，我卻能看見黑影，這件事本身很奇怪，但我真的看到黑影就在那裡。我仔細一看，那團黑影看起來就像一個駝背的老婆婆。

「滾出去！」

我又大喊了一聲，老婆婆的身影就像是被風吹散的薄霧一樣消失了。

從那天起，我就很害怕在家睡覺，甚至租了月租公寓一段時間，晚上就過去那邊睡覺。

有一天，我早上回家工作的時候，不知道從哪裡傳來一股燒焦的味道。我循著氣味找，發現氣味是來自二樓。但我心想，畢竟現在是大白天，幽靈也不會出現吧，就直接上了二樓。而那股味道是來自我做的御札。只有御札是一片焦黑，像是被火烤過一樣。

就從這一天開始，足以讓我忘記恐懼的工作量突然大幅減少。

或許跟靈異現象沒有什麼絕對關係，但之前預約好的客戶聯繫我，說他們時間上有點趕，決定委託別人。而已經下訂單的客戶也接二連三地取消委託。他們都沒有給我一個明確的理由，但以前多到忙不過來的工作幾乎都消失了。

我已經不知道該怎麼辦才好了。三木住持，我該怎麼做才好呢……

她帶著身心俱疲的表情告訴了我一切。

我也曾經聽過這樣的說法：「看見幽靈的時候，只要大喊滾出去就好了。」

但這真的是正確的做法嗎？

大聲威嚇幽靈可能也是一種「驅邪」，但我認為「驅邪」這個行為是針對厄運、疾病和災難而做的，而不應該對幽靈這麼做。

如果要說該為幽靈做些什麼事的話，那就是「供養」。我請這位女性去供養老婆婆的靈。

所謂的供養，是向過世的人獻香或焚香的行為，因為經文上寫著，過世的人可以感受到香的氣味。

話說到這裡，這位女性忽然用很明朗的聲音說：「我明白了。」並朝我深深一鞠躬，表達她的謝意後便離開了。

後來，這位女性再次來到寺裡參拜還願。

和上次見面時相比，她的模樣簡直判若兩人，她很開朗地告訴我，她的工作正逐漸重回正軌。

據她的說法，在那之後，她回家就立刻為老婆婆供養。

她買了線香臺，點燃了線香，因為她曾經大聲嚷嚷要老婆婆滾出房子，她為自己粗魯的話語向老婆婆的靈道歉。

她一直認為活著的人和去世的人是兩個毫不相干的世界，但在聽完我的一番話後，她才驚覺好像不是她想的那樣。

人們平時會向活著的人打招呼，但卻不會向物體或去世的人打招呼。不過，她在剛搬過去的時候，出於巧合製作了一個表示問候的御札。這個舉動應該也傳達給老婆婆了。老婆婆或許把她當作「新室友」，想在她的工作上幫一點忙。

然而，突然有人大聲叫祂「滾出去」，老婆婆一定感到非常地憤怒和悲傷。她還說道：「即使對方已經不在人間，我還是做了很不尊重的事。」

她也表示，今後無論是面對活著的人還是去世的人，她都不會忘記禮節的。

我在前面寫道，京都人很注重為他人著想，但對那些肉眼看不見的事物保持體貼，也是很重要的。

# 詛咒之樹

京都擁有許多歷史悠久的神社佛閣，古宅鱗次櫛比，由於建築高度受到限制，高樓層的建築物並不多，讓人可以真正感受到古都的氛圍。

然而，現在的京都與我兒時相比，發生了很大的變化。

尤其是近年來增加的旅館，包括私人民宿在內，出現了很多住宿設施。

此外，很久以前的老房子也減少了。當然，畢竟是老房子，考量到抗震加固、房屋變形、建築物整體老化等問題，不得不重建的情況也很多。

古都京都也在現代化的浪潮下發生了變化。這樣想的話，城市和鄉鎮或許也都是有生命的。

不過，京都仍然有些地方沒有太大的變化。能夠看到巨大變化的只有觀光寺院和知名旅遊景點周圍，而那些與觀光旅遊關係不大的城鎮，幾乎沒有太大的變化。我的老家雖然位於京都市內，但就是沒有什麼變化的地方之一。

即使有些房子重建過了，但小鎮的面貌和我小時候並沒有太大的不同。

當我帶著懷舊之情走在老家附近的街道上時，遇見了一位很懷念的朋友。

他是我從小學就認識的兒時玩伴，姓天野。成年後，雖然在同學會等場合中見過天野幾次面，但也是好幾年前的事了。

「嘿，三木，好久不見了。」他馬上就認出我並向我搭話。

「哦，天野，你現在要去哪裡？」我們的對話就像昨天才見過面一樣。很神奇的是，無論隔了多少年和兒時玩伴重逢，互動起來總是能在一瞬間回到小時候的感覺。

這一天，我們兩個人碰巧都沒有什麼安排，所以決定一起吃晚餐。

我們去了一家名為「喫茶瑪利亞」的店，距離我老家大約步行十分鐘。

我生平第一次看到喫茶店裡有自助點餐機就是在這間店，當時這種機器還很罕見。

「哇，我有多久沒來了？」天野似乎偶爾會來這間店，但自從我小時候來過這裡，都已經過幾十年了。

店外和我兒時回憶中的一樣，展示櫥窗裡擺滿了當年的食品模型。

我的童年回憶很模糊，而且往往與現實有一段差距，但喫茶瑪利亞至今仍然在這裡，就像我陳年記憶中的那樣。

當我進到店裡時，發現自動點餐機不見了。我問了店員，他說很久以前就處理掉了。雖然有點可惜，但這間店的招牌餐點還是一如既往的美味。

當我和天野在這間喫茶店裡聊天時，我們聊到了以前曾一起去看過的一棵大樹。

那是一棵可能擁有百年樹齡的杉樹。

那棵樹位於一個大型戶外停車場，距離這間喫茶店步行十分鐘左右的路程。

那是一個可以容納將近二十輛汽車的大型停車場，但矗立在正中央的那棵樹，即使是從小孩子的角度來思考，也會覺得它非常礙事。

樹上沒有神社裡常見的注連繩或幣束那樣的裝飾，所以，在小孩子們之間流傳著「為什麼要留下這棵大樹」的各種傳聞。

聽我一個朋友說，試圖砍掉那棵樹的人出了意外事故去世了。另一個朋友則說，砍樹的人爬上去清理樹枝時摔下來身亡了……小學裡流傳著諸如此類的謠言。也有人說，如果在晚上接近這棵樹，就會發生可怕的事情。

當時，通靈人和超能力蔚為風潮，再加上小孩子的好奇心很強，會在晚上實際跑去那棵樹那裡的朋友也變多了。小孩子們甚至給那棵樹取了一個可怕的名字——詛咒之樹。

我和天野也被極大的好奇心驅使，有一天晚上，我們相約要去找那棵詛咒之樹。

我們也約了其他朋友，但他們說晚上不能出門，所以就只有我們兩個人結伴前往。

時間大概是晚上七點左右，當時是夏天，所以周遭還是滿亮的。

然而，我們一到停車場時，那裡明明沒有屋頂，卻很昏暗。這種昏暗感隨著我們越靠近樹而變得越明顯。

現在回想起來，畢竟是那麼大的一棵樹，樹枝擋住陽光導致周圍變得陰森森也是理所當然的。

「三木，這棵就是詛咒之樹了吧。」

「是啊，看起來很震憾呢。」

我甚至害怕樹會朝我們撲過來。

「大家會相信我們兩個真的來過這裡嗎？」

「不知道耶，但我們有來這裡是事實啊，他們不信也沒差。」

我這麼回答以後，天野提出了一個令人難以置信的建議。

「我可不想被懷疑，所以我要帶點證據回去。」

「你要帶什麼回去當證據啊？」

「我要削一塊樹皮帶回去。」

天野邊說邊從口袋裡掏出一支叉勺。

叉勺是當時學校午餐時使用的勺子，前端是三叉齒，是一種具備叉子功能的勺子，可能是因為作為勺子的用途居多，所以被稱為叉勺。

天野說，他要用那支叉勺把詛咒之樹的樹皮削下來帶回去。

「做這種事可能會有報應的，快住手。」

我既害怕又很同情那棵樹，拚命地想要阻止天野，但他怎麼樣也不肯讓步，還說：「三木，就算只有我一個人我也會做的。」就在這個時候，我才意識到天野與平時不同。

平時當我或其他朋友反對時，天野並不是那種會堅持自己意見的人。

而且，提議削樹皮也不像天野會做的事。

「天野，你這是怎麼了？清醒一點，不能傷害這棵樹。」

「你看好，我要削下來了。」

「不行啦。」

我抓住了天野的手臂。就在這個時候，不曉得從哪裡傳來某個人的哭泣聲。

「嗚……嗚……」

那是小學低年級左右的小孩聲音，聽起來像是個女孩子。我和天野站在昏暗停車場裡的一棵大樹下，聚精會神地聽著那個聲音，彷彿連時間都靜止了。

「嗚……嗚……」

那個聲音清清楚楚地傳到了我們兩人的耳裡，聲音很明顯是從這棵樹裡傳出來的。

天野似乎也注意到了這一點，連忙把叉勺收回口袋裡。

「天野，哭聲是從樹裡傳出來的。」

我這麼一說後，天野不知道為什麼一言不發地慢慢往後退。

我也不知不覺地跟著天野開始慢慢後退。

我們兩個人一步一步的後退，花了一分鐘左右的時間才走出停車場。從停車場出來時，天野終於開口了。

「那個男孩子是誰啊？」

我看見他指向那棵樹。他指的方向站著一個剛才我們都沒見到的小女孩，她正捂著眼睛哭泣。

「那怎麼看都是女孩子吧。」

「哪有女孩子會頂著一顆小平頭啊。」

這時，天野看見的似乎是個男孩子。也就是說，我們看見不一樣的東西……我們很害怕，就直接回家了。

第二天，我們把這件事告訴同學們，不出所料，他們要我們拿出證據來。

不過，不管他們願不願意相信，我跟天野都已經不在乎了。我會這麼說，是因為就連我們這些親身經歷過的人都覺得那可能只是一場夢。連自己都會懷疑的事情，朋友又怎麼可能會相信呢。

當我們長大以後再重新聊起這件事時，幾個謎團也隨之解開。

首先，天野當時的行為很奇怪。

當我們抵達那個停車場時，天野確實拿著一支叉勺，但那絕對不是他為了要削樹皮而準備的，只是午餐時間隨手放進口袋裡而已。

天野說，當我們靠近那棵樹時，他覺得有點害怕，好像有什麼東西隨時會向我們撲來。而當時的我也有同樣的感覺。

天野實在是害怕極了，所以試圖主動發起攻擊。他當下一時也解釋不清楚，只好跟我說是為了留下證據。這就是天野行為舉止變得很奇怪的原因。

第二個謎團是，我看見的是一個低年級的女孩，而天野看見的是和我們年紀相仿的小平頭男孩。

我在喫茶瑪利亞裡又再次提起了當時看見的是女孩的事。

我們當下之所以沒有談論這件事，是因為我們看見完全不同的人，就算說出來也只會讓事情變得更複雜而已。

於是我問了天野，當時他看見的那個男孩子的模樣和站的位置。我也同樣詳細地描述了我看到的那個女孩子。結果，我們發現了一個令人驚訝的事實。

我看到的那個女孩，幾乎就在那棵大樹下的正中間哭泣，而天野看見的男孩則是站在樹前，雙手向左右張開。

如果我們兩個都沒記錯的話，那個畫面就像是男孩站在女孩面前保護她一樣。說到這裡，我想起了一件事。

當時，我曾在那個停車場遇到一位認識的叔叔。那個叔叔每個月都會把車停在那裡。

而且他的車，就停在那棵大樹旁邊的位置。於是我問他：「這棵樹很礙事吧？」然後，那位叔叔跟我講了這個故事：

據說，在改建成停車場之前，這裡有兩棵大杉樹。附近的居民都說這是一對兄妹杉樹，樹齡大的是哥哥，小的是妹妹。

要改建成停車場的時候，先砍倒了哥哥杉樹，接著要砍妹妹杉樹的時候，各種事故接二連三地發生，所以就只留下了這棵樹。

我們在喫茶瑪利亞吃著炒麵，面面相覷。雖然這只是一個假設，但我們經歷的事情可能是這樣的。

或許哥哥杉樹在被砍倒之後，為了保護妹妹杉樹，拚命阻止任何想要傷害樹的人。而我們兩個在靠近那棵樹時所感受到的殺氣，也許就是來自哥哥杉樹的靈魂……

我們匆匆吃完炒麵，再度前往當時的停車場。自從那次事件之後，我和天野就沒有再去過那裡，所以我們很好奇妹妹杉樹後來怎麼樣了。如果能看見那棵樹的話，我們想為當時的行為道歉。

我們沿著大街向西轉，走到了當時的停車場。但那裡已經不再是停車場了，現在正在蓋其他建築物。

我想妹妹杉樹可能已經被砍倒了，我忍不住希望寄宿在那棵樹上的靈魂，現在已經在某個地方幸福快樂地活著。

在佛教中，有個詞叫做「諸行無常」，意思是「世間萬物的變化無常，沒有什麼東西是不變的。」

無論是城鎮、人們，甚至是草木，沒有什麼是不變的。但如果有什麼東西是不變的，那就是佛陀的教誨和過去的記憶。

# 單人露營

我現在會在YouTube平台上傳影片。因為這個契機，我有更多機會看見許多不同創作者的影片。

在眾多影片中，「單人露營」是最受歡迎的影片之一。顧名思義，就是自己一個人去露營並把過程拍攝下來的影片。在我看來，這類型的影片會如此受歡迎，可能是因為很多人都在為了人際關係苦苦掙扎。

單人露營的好處就是你可以獨自享受一切，而不用顧慮其他人。

就算搭帳篷花了很多時間，即使做的料理不好吃，甚至是忘了帶東西，都不會給任何人添麻煩，也不會被罵。

露營本身就具備特有的醍醐味，像是可以欣賞自然風光和美麗的河流而被療癒等，所以我認為單人露營之所以會受歡迎，也不全然是大家都受人際關係所苦而導致的結果。

「我也想過要在YouTube上傳單人露營的影片，但後來還是打消念頭了。」──說這句話的人是伊藤先生，一位四十多歲的男子。他的體型瘦弱，乍看之下好像不怎麼適合露營。

其實這位伊藤先生已經拍過一段單人露營的影片，但他為什麼沒有把影片上傳呢？讓我們聽聽他的故事。

硬要說的話，我是室內派的人，別說是單人露營，就連一般的露營我都沒有去過。

但在YouTube上看了單人露營的影片後，我也產生了想嘗試的念頭。

我想知道自己在大自然中可以一個人做到什麼程度，在帳篷度過一天後或許會對自己產生一些信心。

於是，我先買了一套我認為必備的東西，包括拍攝影片的器材、帳篷、睡袋、盛裝食物和咖啡的露營用餐具等等。

接下來是地點。我覺得營地有其他人在的話會破壞獨處的氣氛，所以我把目光投向了一般露營不會前往的某座山。我決定聯繫那座山的管理者，取得單人露營的許可。

管理者提出了幾個條件。

例如，確實滅火、不亂丟垃圾、只能在半山腰的沙地上紮營等。

之所以指定在沙地上，是因為《消防法》允許的範圍是約半徑五公尺左右的沙地。如果是野營程度的用火，在這裡就沒有問題。

對方還告訴我，這附近有個小小的舊廁所，所以這裡算是個露營的好地方。

但他也提醒我——萬一發生了什麼事，附近是沒有人的。

不過，對於目標是單人露營的我來說，安靜的地方是最好的，而且我還要拍影片，如果可以大聲說話不必顧慮他人的話，反而是個優點。

因此，我決定在這裡過一夜。

那天早上，我開車到那座山山腳下的一個停車場，在那裡把露營裝備搬到附有輪子的推車上，一路運到了沙地。

我來回走了三趟，或許是因為平時不運動的緣故，雖然會累，但卻覺得很暢快。

搬完所有東西後，我決定休息一下，拿起帶來的寶特瓶飲料喝了一口。環顧四周，我發現沙地外面有一片茂密的樹林，而我彷彿成為地球上唯一剩下的人類。

我之所以會有這種感覺，肯定是因為我以前從未去過這樣的地方。享受這種感覺大概也是單人露營的目的之一，但我內心卻有些不安，甚至有些害怕。

遲早會習慣的吧……我做的第一件事就是準備拍攝影片。說是這麼說，但我的器材也就只有相機和支撐它的小三腳架而已。準備好以後，我便馬上開始拍攝。

「現在開始，一個零經驗的新手即將挑戰單人露營。」

現在重要的，是要拍攝出歡快和輕鬆的氛圍。

我一邊煮咖啡，一邊做簡單的料理。我繼續拍攝，對著附近河流的流水聲和鳥鳴聲一一做出評論。

就這樣，一眨眼，幾個小時就過去了。雖然還不到黃昏的時候，但可能是因為被樹林環繞的關係，周圍已經開始變暗了。

「得早點搭帳篷才行，不然天色就暗了，我先開始紮營吧。」

我時不時移動相機的位置，一邊解釋搭帳篷的步驟。結果花費了不少時間，等到帳篷搭好的時候，太陽已經完全下山，天色忽然就黑了。

我又煮了咖啡，邊喝邊繼續拍攝。

「雖然這是我第一次嘗試，但也把帳篷搭好了。」

我一邊拍攝，一邊對著鏡頭解釋搭帳篷有哪些困難和需要下點功夫的地方。

就在這個時候——

我感覺到某種動靜。那種感覺就像是樹林裡有東西在凝視著自己一樣。如果我還保有原始動物本能的話，可以肯定的是，那個警告我生命受到威脅的感測器正在做出反應。

因為是在半山腰，所以這也可能只是自然現象罷了。偶爾冷風吹來，連篝火都會隨之搖晃。到目前為止，莫名的恐懼感越來越強烈。

但是，這時候我還算挺從容的。因為我得完成單人露營的影片，所以我繼續進行拍攝，就好像什麼都沒發生過一樣，我繼續說著「在大自然裡喝的咖啡很美味」之類的話。

雖然我盡可能地開朗說話，但最終還是無法戰勝恐懼，我用手電筒往樹林照了照，確認那裡有沒有東西。

樹林裡的樹木只是隨風搖曳，感受不到任何生物的動靜。儘管如此，我還是能感覺到有人在看著我。

我實在無法繼續在外面待下去了，所以我把火撲滅後，進到了帳篷裡。

當我進到帳篷裡，打開電池式的露營燈時，心情一下子就平靜了下來。也許是在一個自己能掌握情況的狹小空間裡會讓我感到放心吧。

在心情稍微平靜下來後，我開始在帳篷裡拍攝。當我一邊錄影一邊說明露營燈的亮度和帳篷裡的舒適度時，那種恐懼感又湧上心頭。

附近有東西——感覺到這一點之後，我拉上了帳篷入口的拉鍊。

在拉上拉鍊時，我尚未察覺有異，一直到後來當我在確認這一天拍攝的影片時，才發現了奇怪的事。在我關上帳篷後，錄到的全都是「嗶」聲和漆黑的畫面。畫面變黑後，真正的恐怖開始了。

我以為影片還在繼續錄，所以強壓住恐懼，對著鏡頭說了一堆話。

突然，帳篷外傳來「沙——沙——」的聲音，像是有什麼東西在搖晃草木。

我停止說話，側耳傾聽，但卻什麼都沒聽見。是我的錯覺嗎……可是，我感覺到附近有動靜。

管理者告訴我，雖然偶爾會有鹿或野豬出沒，但這個時期只要有燈光、聲響或人類動靜的地方，牠們都不會靠近。當然，野生動物的行為沒有絕對性，如果是鹿或野豬，只要發出大一點的聲響就能把牠們嚇跑。我決定找出這個動靜究竟是什麼。

我中斷了影片的拍攝，打算拉下帳篷入口的拉鍊，就在這個時候——

「喵——喵——」

我聽到了像貓一樣的叫聲。我停下拉拉鍊的手，安靜了一會兒。然後再一次聽見那個聲音。

「喵——喵——」

我不會聽錯，就是貓叫聲。

「太好了，原來是貓啊。如果附近有危險的話，貓就不會這樣叫了吧。」

我鬆了一口氣，打開帳篷入口，用露營燈照亮了外面。但卻沒有看到貓的身影。

雖然無法確認那真的是貓，但我放心了不少。貓和人類很親近，我不認為牠們會構成威脅。心情舒暢許多之後，我把牛奶倒進一個紙盤，放在帳篷入口的附近。

當我放下心來準備重新開始拍攝時，這次傳來了「嗚——哇——」的叫聲。那個聲音聽起來就像是貓咪在威嚇什麼東西一樣。

過了一會兒，變成了像嬰兒一樣的哇哇哭聲。

正當我在納悶貓發生了什麼事時，貓叫聲又變得更加激烈。

「啊——呼——喵——」

這種不尋常的叫聲是怎麼回事呢？驟變的叫聲讓我很害怕，所以我放棄拍攝，鑽進了睡袋。

幾分鐘後，我聽見像是踢沙子般的沙沙聲越來越近。然後那個聲音竟然繞著帳篷轉。

恐怖到了極致！

「萬一發生了什麼事，附近是沒有人的。」管理者的這句話，在我的腦海中不斷迴蕩。

我已經無能為力了。我別無選擇，只能接受這個無助的局面。我只能躲在睡袋裡，摀著耳朵，等待早晨到來。

到了早上，我才意識到自己不知不覺就睡著了。我居然在那樣的恐懼中還能睡得很好，但也有可能是因為我太累了。

我小心翼翼地從睡袋裡爬出來，環顧四周，檢查周圍有沒有什麼可疑的跡象，但除了鳥鳴聲之外，我什麼也沒感覺到。

趕緊收拾東西準備下山吧。此時此刻，拍不拍影片已經無所謂了。

當我走出帳篷時，看見帳篷周圍只剩下昨晚動物走過的腳印。腳印上有小小的肉球痕跡，顯然是貓的腳印。而這隻貓似乎在半夜裡繞著帳篷走了好幾圈。當我注意到這個奇怪的行為，立刻收起露營裝備直接下山。

我聯繫了管理者，讓他知道我要下山了。當我告訴他昨晚發生的事時，他完全不相信，還嘲笑我一番。

「偶爾是會看到貓啦，但牠們並不會繞著帳篷打轉。深夜自己一個人待在山裡讓你怕成這樣啊，那你可能不適合單人露營喔。」

我把這件事告訴妻子，她也只是說：「你下次不要再一個人去了。」好像在說我根本不適合單人露營一樣。

他們或許是對的，我再也不想有那種彷徨無助的感覺了。下次我打算約附近一間喫茶店的老闆一起去。那個老闆和我年紀相仿，也聊得很投緣，而且他還是個沖泡咖啡的專業好手，我想他應該會很豪邁地答應的。

我馬上就去了那間喫茶店。我把那天晚上單人露營的事告訴老闆，並約他下次一起去，但一個同樣坐在吧檯區的女人卻瞪著我。

可能是我說話太大聲了，我朝她輕輕點了點頭。接著，那個女人忽然向我逼近，連珠炮似地問我那座山在哪裡，當時是什麼情況。

雖然一頭霧水，我還是一五一十地告訴她，她的反應像是理解了什麼一樣。

「這樣啊。你聽見了貓叫聲嗎？那隻貓肯定不是這個世上的生物，因為你右邊的肩膀上跟著一隻貓。」

「真的有貓的靈魂嗎？如果有的話，我想麻煩您供養祂。」伊藤先生就是因為這個原因才來找我的。

隨後，我和伊藤先生一起為那隻貓誦經。

誦完經後，我一回頭，看見伊藤先生哽咽著哭了起來。

「怎麼了？」

「我也不知道自己為什麼會流淚，但我就是停不下來。」

我有時也會遇到這種現象。比方說，身邊的人去世了，儘管有些人本來沒有打算要哭的，但在喪禮上會突然淚流不止。

我認為，比起哭的當事人，不如說是過世者在試圖傳達什麼，也許這隻貓也有什麼想訴說的事。

我決定和伊藤先生一起去他露營的地方。

以一個人過夜來說，這個地方確實是太冷清了。

「伊藤先生一開始是在什麼地方聽到貓叫聲的呢？」

「聲音是從帳篷正前方傳來的，所以是那邊。」

他指向一片樹木繁茂的地方，我穿過一棵又一棵的樹，走進了樹林。

然後我看見，好像有什麼東西掉在草叢裡。我彎下腰仔細一看，原來是一隻貓。牠癱倒在地，全身枯乾瘦弱。

死後應該超過一個星期了。我確信就是這隻貓繞著伊藤先生露營的帳篷打轉。

我用雙手抱起貓，看向前方時，發現那裡掉著一個紙盤。

說到這個，伊藤先生說他在聽到貓叫聲以後，把牛奶倒進紙盤裡，放在靠近帳篷入口的地方。

我很好奇那個紙盤為什麼會跑到這裡，走近一看，才發現有四隻小貓虛弱地躺在地上。

我立刻叫來了伊藤先生，把小貓們放進車裡，帶牠們去看獸醫。

獸醫說，這些小貓嚴重營養不良，如果再晚一點發現，牠們可能已經沒命了，而小貓的嘴巴周圍似乎有牛奶殘留。

或許那隻母貓是為了孩子，才把伊藤先生倒的牛奶拖到了那裡去。

「我知道牠很急，但牠可以用更友善一點的方式表達吧。」

伊藤先生在他第一次單人露營體驗中嚐到了深深的恐懼，忍不住埋怨了那隻母貓幾句。

之後，伊藤先生成為那四隻小貓的主人。

話說回來，貓咪一家為什麼會出現在那座山上呢？

或許就像人類會為人際關係所苦一樣，那隻母貓也可能在貓與貓之間的關係中度過了一段艱難的時光。所以，最後才會向人類尋求幫助吧？

當人們感到疲倦時，我們會在大自然中尋求安慰，天然的河流與樹木之美會幫助我們。因此，人類也必須活在對大自然的感恩之中。對待動物也是如此，貓、狗和其他許多動物也能撫慰人心，所以我們必須心存感激。

這麼一想，人類果然是無法獨自生活的生物。有時獨處雖然是件好事，但正因為我們生活在人與人之間，所以才是「人類」（編按：人類的日文為「人間」）。

所以，世間所有的生命都必須互相扶持——這個事件讓我再次意識到了這一點。

# 第二章

# 氣

在中國哲學、道教和東方醫學的世界裡，據說有一種叫做「氣」的東西。

「氣」即使存在，也是肉眼看不見的。因此，現代科學並不承認它的存在。

氣有許多不同類型。「陽氣」、「陰氣」、「元氣」、「景氣」、「氣息」、「氣場」、「氣氛」……要通通寫出來是沒有盡頭的。

所謂的氣，又分成「陰」氣和「陽」氣。

比方說，夏天就屬於陽氣旺盛的季節。在陽氣時節，吃具有陰氣的食物，可以平衡陰陽，保持健康。

夏季最具代表性的滋陰食品，就是西瓜。因此，夏季吃西瓜有助於平衡陰陽。像這樣，季節和食物中也有一種叫做「氣」的東西。

「氣」也適用於人類身上。

人類與生俱來就帶有「元氣」。當受到疾病影響的時候，就稱為「病氣」。

或許有人會認為，有些人天生就體弱多病，帶有病氣。

但所謂的「氣」，是不存在於物質世界的。即使身體受到疾病影響，如果你的「氣」保持完好，那就能看作是健康的。即使身體受到陰氣影響，如果你的內心保持陽氣，那麼陰陽就是平衡的。

「氣」就是心態。

那麼，如果你的內心被陰氣籠罩的話……請務必要閱讀本章。

雖然目前「氣」的存在與否，還沒有得到科學證實，但這可能只是時間早晚的事。

附帶一提，當你自己一個人在房間裡，感覺背後有什麼看不見的東西時，就意味著某種「氣」確實存在。

# 鄰居的抱怨

「現在都幾點了啊，拜託你們安靜一點好不好！」

半夜，一通電話打到了蓮久寺。聲音的主人是一名非常暴躁的年輕男子。

我問：「您到底在說什麼呢？」對方表示，他是蓮久寺北側一棟公寓的住戶。我問了他詳細情況，他說：「小孩子吵了好久，希望你們可以安靜一點。」

但是，寺裡並沒有小孩子。況且，小孩子這麼晚還醒著也不合常理。

雖然我告訴他寺裡並沒有小孩子，但他說：「就連現在，我都能聽到小孩子吵鬧的聲音從寺裡傳來。」

可是，人就在寺裡的我真的沒有聽見小孩子的聲音，為了證明自己的清白，我告訴對方：「既然您就住在北側的話，現在到寺裡來看看吧。」通常來說，無論再怎麼生氣，深夜的寺廟對一般人來說都不是一個多自在的地方。但對方只說了一句「我知道了」就掛斷了電話。

我想他應該只是聽錯了，於是便忘了這件事。幾天後，當我碰到附近鄰居時，對方問我：「昨晚寺裡有舉辦什麼兒童活動嗎？」我嚇了一跳。

「不，我們沒有舉辦活動。」聽我這麼回答後，對方說：「昨晚我聽到寺裡傳來很多小孩子的聲音耶……」這怎麼可能，蓮久寺是不會舉辦跟兒童有關的活動的。

接下來的幾天，我又從其他鄰居那裡聽到了類似的話。

奇怪的是，住在寺裡的我完全沒聽到有什麼聲音，但鄰居們總是會聽到，而且總是在晚上聽到。

因此，為了查明那個聲音究竟從何而來，我決定調查一下。

首先，那些聽到聲音的人說，聲音都出現在將近子時的深夜，只要打開家裡的窗戶或出門就會聽到。根據這些資訊，我決定晚上到正殿站崗。

午夜十二點到了。我什麼聲音都沒聽見。

又過了一個多小時，一點動靜也沒有。我開始感到睏意，心想今天可能聽不到任何聲音了，當我正準備離開正殿的時候。

「哐噹——」

正殿桌上的一個娃娃掉到了地上。一瞬間，我還以為我聽到了什麼，但只是娃娃動了一下。

我並不是要嚇各位讀者，蓮久寺的娃娃即使沒人去碰也會自己動。正殿裡之所以會有娃娃，是因為它們是居住在蓮久寺的座敷童子[1]的玩具。娃娃經常會被移動位置，我早已見怪不怪了。

而且，即使座敷童子在正殿裡玩耍，通常也只會有一兩位在玩，音量不會大到吵到鄰居。

我想可能是鄰居們搞錯了，於是我再次走出正殿。接著，我聽到了一個陌生的聲音。

「鏘——鏘——鏘——」

有點像打鐵的聲音。

我不由自主地環視了一下正殿，但聲音顯然是從外面傳來的。

在我聽到這個聲音的同時，換正殿裡傳來了「噠噠噠噠噠——」的聲音。聽起來就像是小孩子的腳步聲，朝著正殿外逐漸遠去。

我立刻跟著衝了出去。接著，我聽見正殿的左手邊傳來了好幾個小孩子的聲音。

聲音是從蓮久寺的墓地傳來的。我到了墓地後，發現那裡飄浮著幾個乒乓球大小的綠色光球和白色光球，其中還看到了幾個大人的身影。

我定睛細看，其中一個大人好像是個老奶奶。老奶奶不知道是不是注意到我好奇的視線，對我點了點頭。我也下意識地向她點頭問候。

1 座敷童子，日本傳說中的一種精靈，外型像三至十歲的小孩，雖然偶爾會惡作劇，但日本人普遍認為座敷童子是一種守護靈，跟家族的運氣息息相關。

仔細一看，那位老奶奶的手裡拿著一個鐵製的小吊鐘。

我恍然大悟。我懂了，原來是「地藏盂蘭盆節」的活動啊——

這是是關西地區一年一度的兒童夏季活動，各個社區會把孩子們聚集起來分發糖果、誦經、清潔社區內的地藏菩薩像。

發放點心和活動的時間一到，會敲響小吊鐘通知孩子們，這個習俗延續至今。

我剛才聽到的鐘聲，肯定就是這位老奶奶在召集孩子們。

而滿心期待的蓮久寺座敷童子，聽見這個鐘聲就立刻飛奔出正殿，跑來墓地找這位老奶奶玩。

我看著聚在一起的光球，心裡這麼想著。這些光球歡快地在空中飄來飄去，最後隨著老奶奶的身影一起慢慢消失了。

四周完全暗下來的瞬間，突然爆出了很多小孩子的笑聲和嬉鬧聲。

這是光球消失後，聲音才延遲一段時間傳來的一種現象。雖然我不知道為什麼會出現這樣的延遲，但大家的聲音聽起來真的都很開心。

隔天，我在墳墓前留下了一些點心。正當我想著應該也要給老奶奶留點什麼東西的時候，有一位老婦人前來掃墓。

「辛苦了，請問您是來參拜哪一位的墓呢？」

「我的墓。」

我一時沒有理解她在說什麼，正當我要反問時，老婦人指著我的身後。

我順著她指的方向回頭一看，

「謝謝你的體貼。我以後會注意音量的。」

我耳邊傳來了這樣的聲音，我吃驚地轉過身來，發現一個人也沒有。

從那一年開始，即使正值地藏盂蘭盆節期間，我也沒再聽到小孩子的聲音。

但偶爾還是會看到光球飛來飛去。

# 附身

世界上有一些被稱為擁有「多重人格」的人。在醫學上，多重人格則被稱作「解離性身分障礙」。

這是指一個人的身體裡具有多種人格的狀態，主要原因被認為是幼年時期的巨大壓力和心靈創傷所致。

「複數人格交替使用同一個身體」這件事本身就已經很神奇了，但有一個現象讓我覺得更不可思議。

比方說，在多個人格之中若有一個人格是音樂家，那麼只有在那個人格出現的時候，這個人才會彈鋼琴或者演奏其他樂器。

除此之外，即使主人格不擅長畫畫，但只要畫家的人格一出現，他就會畫得非常好，甚至能說出陌生國度的語言等等。

我曾試著查詢醫學界如何看待這樣的現象，但目前似乎還沒有得出決定性的結論。

隨著其他人格的出現而發揮出自己不熟悉的知識和技術，這或許是前世、前前世的記憶還殘留在一部分大腦中的證據。

我會這麼想，一方面是因為我是一名宗教人士，另一方面則是因為我喜歡科學上無法解釋的未知現象。

以喜歡未知現象的角度來看，多重人格也許可以稱為是一種附身現象。假設「解離性身分障礙」自古以來就存在的話，那麼當時的人們應該會認為當事人一定是被某種靈體附身了。

至今為止，我見過許多附身現象，但這種現象究竟是源自人的精神狀態，還是被靈體占據了身體，幾乎難以斷定。在眾多附身現象中，我想跟大家分享以下這個疑似是靈異現象的案例。

那是十幾年前的事了。

某個山路彎道上發生一起摩托車和卡車相撞，導致摩托車翻覆的交通事故。因為當時是黃昏，似乎是夕陽造成瞬間眼盲而引發這起事故的。

摩托車側翻被甩飛出去後，撞到護欄才停了下來，但騎士卻不見踪影。

卡車司機則沒有受到特別大的傷害，他立刻叫了救護車。

救護車抵達後，警方開始尋找摩托車騎士。當時太陽已經快完全下山了，事故現場周圍變得相當昏暗。

最後，警方在距離事故現場不遠的山坡下發現了摩托車騎士。他似乎是從護欄的縫隙中跌了出去，再從山坡上滑落。

摩托車騎士是一位高中三年級的少年，名叫玉木一馬。

儘管戴著安全帽，但撞擊和跌落的衝擊力道肯定還是很大。然而，當他被警方發現時，不曉得為什麼人在離滑落處有段距離的一個小廣場上。而他就坐在那裡的一塊石頭上。

當警察出聲喊他時，他像是鬆了一口氣，忽然癱倒在地。

他被送往醫院，所幸幾乎沒有什麼外傷，隔天喊他名字時，他還能很明確地做出回應。

在稍作觀察之後，不久他就出院了。家人對他平安無事感到很高興，但漸漸察覺到他有些不對勁。由於正值暑假期間，家人和他相處的時間比平時還要長。

第一個讓家人感到奇怪的地方，是他說話的語調。

這個家庭來自關西地方，但自從事故發生後，一馬就漸漸不再使用關西方言說話了。

某一天的晚餐時間。

「一馬，多吃點蔬菜吧。」

平時的一馬並不挑食，飲食都很均衡，但發生事故以後，他就開始挑食了。他總是不吃蔬菜，這一天也督促了他好幾次。

「破煩吶！」

不光是他的怒吼聲，還有出自他口中的陌生詞彙都讓家人驚呆了。當追問他剛剛說了什麼時，一馬卻像鬧彆扭似的，把自己關在房間裡不肯出來。

「破煩」（せからしか）這個詞，關西人並不會使用。據家人的了解，發現這是九州地區的方言，意思是「煩人、麻煩」。

不僅是一馬，他的家人全都和九州沒有任何關聯，甚至從未去過九州。既然如此，為什麼一馬會突然說出這個詞呢？

無論是他粗魯的用詞或是賭氣的態度，都不是會在發生事故前的一馬身上看到的。雖然家人有些困惑，但想到有可能是受到事故的衝擊影響，所以決定再觀察一段時間看看。

第二天，一馬說話時已經完全失去了關西口音。

早上，家人對他說「早安」時，他卻用九州的方言說「我要出去一會兒」，就像前一晚的「破煩」一樣。當問他要去哪裡時，他什麼都沒說就出門了。

家人很擔心，於是向醫生諮詢了一馬的情況。根據醫生的說法，如果頭部受到強烈衝擊的話，言語和行為可能會出現短暫的異常。

幾個小時後，回到家的一馬彷彿要做ＤＩＹ一樣，買了大量的鋸子、雕刻刀和木材等，然後就把自己關在房裡，不知道在做些什麼。

可以聽見房間裡傳來鋸木頭和敲釘子的聲音。到了晚餐時間去叫他，他也是用九州腔回答：「馬上就來，你們先吃唄。」但他卻遲遲沒有出現。

等到一家人用餐到一半的時候，一馬終於走進了客廳。「你們看看這個。」只見他欣喜地拿出一張小桌子。

那張桌子小而精巧，上面甚至做了一些雕刻，說那是一件優秀的作品也不為過。

一馬的父親是醫院的外科醫生，而一馬是家中的獨生子。父親希望兒子將來能繼承衣缽，所以從小就為他安排了很多課程。

或許是因為這樣，一馬很少和朋友一起玩，也不擅長運動，尤其不擅長做手作工藝之類的東西。然而，他卻能在這麼短的時間內做出這樣精巧的桌子，這是以前從未發生過的事。

但一馬的家人看到這一幕，卻唸了他一頓：「距離大學入學考試已經沒剩多少時間了，你在這麼重要的時期做這些幹什麼？」

當時一馬非常開心地回答：「不用擔心啦，我會成為一名優秀的宮大工[1]的。」

一馬一直以來都很專注在課業上，這番話把家人嚇得差點沒昏倒。

「你……到底是誰！」

一馬的性格、興趣嗜好、食物的好惡等都發生巨大的變化，讓家人們忍不住放聲大喊。

「說啥呢，我就是一馬唄。」

一馬用明快而清晰的聲音說完這句話後，草草地吃完飯，又回到自己的房間。

至今從未見過一馬如此充滿自信且快樂的笑容，這讓家人們相視無語。

從那之後，一馬就像是換了個人一樣，繼續埋首於手作工藝中。

父親很擔心，於是諮詢了精神科和神經外科的醫生。

根據醫生們的說法，可能是壓力和對頭部的衝擊造成一馬的精神錯亂，但卻從來沒有聽說過這種症狀會持續這麼長的時間。醫生們都百思不得其解。

於是，家人就帶著一馬來到我們寺廟諮詢。

「可能是課業和考試的壓力，讓一馬變成這樣。」

家人一臉憔悴地說道。我覺得非常不可思議，因為一馬居然能說出一口過去從來沒有接觸過的九州腔，還能做出以前做不到的木工作品。

我和一馬的家人談話的時候，一馬仔細地觀察正殿裡供奉的每一尊佛像，還像個雕刻專家一樣感嘆：「真不得了，太厲害了！」

我心生一計，決定和一馬聊聊佛像的事。

---

1 宮大工，從事神社佛閣的建築和修補的木匠。

「一馬，你對佛像感興趣嗎？」

「是的，很感興趣。」

「那你看得出這個正殿裡的佛像是出自什麼時期的嗎？」

「我想大概是江戶時代末期吧。」

「這樣啊。說到江戶時代末期，那一馬先生當時人在九州嗎？」

「是的，九州的福岡……」

他的臉色徹底變了。

「你究竟是什麼人？」

我繼續追問他，想知道這個人的真面目。

「你跑進一馬的身體想做什麼？為什麼要跑進一馬的身體呢？你叫什麼名字？你在福岡是做什麼的？」

當我接連拋出問題時，一馬的身體開始劇烈晃動。他回答道：

「好好好，我什麼都告訴你，別再問了。」

下一秒，一馬的眼神陡然一變。

「我的名字叫做砂田夕玄……」

一馬身體裡的人格自稱砂田夕玄，向我們詳細講述了他的生活。

因應一馬家人的要求，我就不詳細寫出來了，簡單說明如下。

這位砂田先生在江戶時代末期出生於九州的福岡，因立志成為佛師（佛像雕刻師）而前往京都求學。之後，他回到了家鄉，但幾年後，又再次前往京都深造，從此在京都安家落戶。

然而不久之後，他就在一次事故中喪生了。據說，他的弟子在京都的某座山上為他建了墳墓，那裡曾長滿了良木。

在他去世後過了好一段時間，有一天，有一位年輕人來到了他的墳墓前。由於年輕人的意識模糊，砂田先生不由自主地向他搭話了。這位年輕人就是一馬，他恐怕是因為交通事故的衝擊而意識朦朧，誤入了死後的世界。

在當時的對話中，一馬表示自己厭倦了一直讀書，希望能有個人來代替自己。

砂田先生平靜地解釋說，自己還想以佛師的身分繼續深造，於是他便藉著這個千載難逢的好機會進入到一馬的身體裡。

我請求他離開一馬的身體，讓一馬恢復原來的樣子。作為交換，我答應會去砂田先生的墳墓所在處為其進行供養，讓他盡快輪迴轉世。

砂田先生沉思了一會兒後說：「真是拿你沒辦法……」然後要求我先為他誦經。

當我一開始誦經，一馬的身體就開始左右搖晃。誦經到一半時，一馬回來了，他驚訝地問道：「這裡是哪裡？」

砂田先生在他身體裡的這段時間，一馬完全沒有記憶。

為了履行對砂田先生的承諾，我決定根據幾個線索來尋找他墳墓的位置。出乎意料的是，我很快就找到了。

因為那就位於一馬發生交通事故的現場——一馬被警察發現的時候，他坐的那塊石頭，就是砂田先生的墳墓。

雖然我無法得知靈界具體的運作方式，但我還是為砂田先生祈求冥福，希望他能再次轉世，繼續完成他未走完的佛師之路。

後來，不可思議的事情發生了。那就是一馬可以在沒有設計圖的情況下製作出桌子和椅子。

此外，他的手也變得更加靈巧，他本人也提到：「我覺得我的手變得異常敏感。」或許這是砂田先生在感謝一馬讓他短暫借用身體吧。

在那之後，一馬湧現出前所未有的學習欲望，並順利進入醫學相關的大學就讀，他善用自己靈巧的雙手，走上和父親一樣的外科醫生之路。

人類的壽命是有時間限制的，任誰都不知道自己還剩下多少時間，但總有一天會迎來終結。

所以我認為，只要沒有道德上的問題，且能做好承擔所有責任的心理準備的話，就應該為了夢想拚命努力。

就算有人對你說：「你辦不到的，放棄吧！」也有可能是對方看走眼。我認為我們應該要相信自己，盡全力朝著夢想前進。

正如我一開始提到的，一個身體裡面存在複數人格的現象，有可能是因為精神干擾造成的，就像一馬的例子一樣。

佛經裡有句話，叫做「一念三千世界」。一念，指的就是人的心。

這句話的意思是說，人心會影響三千個世界，換言之，我們會因為心態的變化而擁有無限的可能性。

# 夢境畫

「昨晚我夢見三木大雲了……」

有時推特（現為：X）等社群平台會出現像這樣的貼文。

當然，那可能只是一個單純的夢，但偶爾我也能清楚感受到，事情不僅僅如此。像是有時候，社群上「夢見三木大雲」的貼文會集中在同一天。也就是說，這些日子我會去許多人的夢裡打擾。而在這樣的日子裡，我晨起時總是很難清醒過來。而在我起不了床的日子裡，總是會看到很多人說「我夢見三木大雲了」。

此外，睡夢中的我，有時也會在別人的夢境中出現，真的很不可思議。

有一天，我夢見自己在藍色蝴蝶的包圍下曬日光浴。這是一個非常舒適和溫暖的夢。

那天早上起床時，我覺得醒來的狀態很好，我做了一個很真實的夢，夢中日光浴的溫暖還殘留在身體裡，所以我又忍不住睡著了。

當天晚上，我的朋友中野傳了ＬＩＮＥ的訊息給我。

他說他夢見我面帶微笑，周圍環繞著一群藍色的小蝴蝶。

究竟是我出現在中野的夢裡，還是中野出現在我的夢裡呢？無論如何，我們好像會在同一時刻與另一個人共享一個夢。

人為什麼會做夢？似乎還沒有一個完整的科學解釋。

我曾在社群上看到了一個關於夢境的神祕故事。

「我做志工的時候，經常幫助一位眼睛不方便的先生，他姓大橋。

有一天，大橋先生告訴我，他夢見了三木大雲。我透過YouTube等平台認識了三木先生，但從來沒聊過三木先生的外表，所以我問他夢裡的三木大雲長得什麼樣子。

大橋先生對答如流。他說三木大雲剃著光頭，身穿黑色和服，佩戴白色腰帶，臉上還戴著眼鏡。他彷彿親眼見到般，把每一個細節都說出來了。」

我想，黑色和服應該是指我平時穿的僧侶道服，而白色腰帶則是日蓮宗會佩戴的輪袈裟。

直到這裡，也許都只是大橋先生對和尚的既定印象，但他不可能連我戴著眼鏡的事都知道，所以那是個很不可思議的夢。

我和這位志工聊了幾句，他告訴我，其實這位眼睛不方便的大橋先生有個反覆做了很多遍的夢。他幫我總結了一下夢境內容。

在那個夢裡，大橋先生走在一個看起來像是跳蚤市場或手作市集的地方。

夢裡的大橋先生似乎是看得見的，因為他沒有拿白手杖（盲人使用的白色手杖）。

當他走過跳蚤市場時，看到許多人在攤位前招呼著：「要不要買〇〇呀？」其中，有一個戴著貝雷帽、正在畫畫的人。他和對方四目相接時，對方盯著他問：「若您不嫌棄的話，能不能買下這幅畫呢？」大橋先生說：「那麼，請讓我看看是什麼樣的畫。」他往前走了幾步後，就從夢裡醒了過來。

他似乎經常做這個夢，但總是在同一個地方醒來。每次做了這個夢，大橋先生總是會說，他真的很好奇對方想賣什麼樣的畫給他。

有一天早上，志工到大橋先生家拜訪，發現大橋先生正一臉高興地等著他。「我等你好久了。我又做了那個夢，這次我終於買下那幅畫了。」

這位志工也很好奇那究竟是什麼樣的畫、值多少錢，他馬上請大橋先生詳細描述夢境。

當大橋先生像往常一樣走過跳蚤市場時，一位戴著貝雷帽的畫家向他搭話說：「若您不嫌棄的話，能不能買下這幅畫呢？」大橋先生邊說邊走近那幅畫：「那麼，請讓我看看是什麼樣的畫。」到目前為止都和往常一樣。然而，這一次，戴著貝雷帽的男人接著說：「是這樣的畫。」然後把畫遞了過來。

「謝謝。我想買下這幅畫。」

大橋先生拿出三千圓買下了那幅畫。就在此時，他醒了過來。

當志工追問：「最重要的，是那幅畫到底畫了什麼？是肖像畫還是風景畫呢？」大橋先生遺憾地低下了頭。

「我確實是買下了那幅畫。不知道為什麼，我看到那幅畫後就流下了眼淚。大概是被感動了吧……雖然我完全不記得那是幅什麼樣的畫了。」

夢就是這樣，所以記不得也是無可厚非的。當兩人感嘆著有多麼可惜時，大橋先生說那個夢總是很真實，所以說不定現實中真的存在著那樣一個地方。

「不好意思，能麻煩你帶我去類似手作市集或跳蚤市場的地方嗎？」

雖然志工並不認為夢裡的場景會存在於現實中，但他還是查了查附近有沒有符合條件的地方，結果發現隔天正好有跳蚤市場的活動。這可能只是一種巧合，但志工表示，他們被一股神奇的雀躍感籠罩著。

第二天，兩人壓抑著急躁的心情，前往那個跳蚤市場。

也許是因為天氣好，又或者平常就是如此，現場人潮很多，非常熱鬧。

當志工牽著大橋先生的手走到一半時，大橋先生突然停下腳步。

他嗅了嗅。

「咦？這個味道是……」

跳蚤市場上也有很多販賣食物的攤位。是食物的味道嗎？志工把附近有香味的食物都說了出來。

「蛋糕、剛出爐的麵包、餅乾……啊，還有拉麵店！」

然後，大橋先生突然流著眼淚說道：

「不是食物的味道，是狗的味道。」

志工不明白大橋先生為什麼哭了。他環顧四周，附近並沒有狗。

志工顯得有些困惑，大橋先生哽咽著繼續說道：

「不，我不會搞錯的，這是拉奇的味道。」

拉奇是以前和大橋先生一起生活的導盲犬的名字。拉奇幾年前過世了，這令大橋先生非常失落，也發現自己很難再養一隻導盲犬了，於是轉而尋求志工的幫助。但無論如何，這裡都不可能會有拉奇的味道。

「大橋先生，雖然很讓人難過，但拉奇已經不在這個世界上了，所以你不可能會聞到拉奇的味道的。」

「拉奇肯定就在附近，我聞到拉奇的味道了。」

大橋先生非常堅持自己的意見。

因為大橋先生有點激動，志工覺得這樣下去不行，便引導他穿越人群，到一個讓他可以冷靜下來的地方。

他們避開擁擠的道路，彎進一條小巷後，看見一個戴著貝雷帽的人正在畫畫。

志工拉著大橋先生的手，好奇地看著這個畫畫的人，結果和他對到了眼。

「若您不嫌棄的話，能不能買下這幅畫呢？」

畫家拿著一幅畫走近他們。這簡直就跟大橋先生的夢境一模一樣——然後，大橋先生開口了。

「這是我在夢裡聽到的那個畫家的聲音！」

志工一邊安撫著更加激動的大橋先生，一邊走向畫家，請他展示一下那幅畫……

「這是！」

志工比大橋先生更加激動。

「您、您是在什麼時候、什麼地方畫下這幅畫的呢？」

「我曾見過某個人帶著他的狗在路上散步，不知道為什麼，那個場景深深地烙印在我的腦海裡，讓我無法忘懷，所以我就畫下來了。」

那幅畫上頭畫的，正是導盲犬拉奇。最好的證據，就是牠項圈上小而清晰的字寫著「LCUKY」。

這肯定是拉奇生前陪大橋先生散步的模樣，被這位畫家看見並畫下了下來。

當志工和畫家進行這樣的對話時，大橋先生又開口說道：

「有拉奇的味道。」

志工向大橋先生描述畫的內容，又向畫家講述了大橋先生的夢境。

接著，畫家看起來也很興奮地如此說道：

「其實我也想過，如果能找到這隻狗的飼主，把這幅畫交給他就好了。就在剛才，我也感覺到就是這個人了。」

在拉奇的畫前，不知不覺我們三個人都流下了眼淚。

「價錢不是問題，請您把這幅畫賣給我。」

大橋先生懇切地請求。

「那麼，就依我在您夢裡說的價格，三千圓怎麼樣？」

大橋先生很感謝這位畫家的體貼，他也終於見到自己夢寐以求的畫作。

其實……不可思議的事並沒有就此結束。那是在大橋先生把畫帶回家以後發生的事。

據大橋先生所說，在此之前，如果沒有志工或導盲犬的協助，他很難獨自前往較遠的地方。因為僅憑一根白手杖，要在陌生的道路上行走是非常困難的事。我自己也曾體驗過用白手杖走路，除了要選擇一根適合自己身高的手杖，還要辨別敲擊地面的聲音、感知自己的去向等等，這真的很困難。看不見前方是很恐怖的事。

雖然大橋先生並非完全不會用白手杖，但要獨自出遠門還是會有些不安。然而，在他把那幅畫帶回家後，他突然久違地拿起白手杖說想一個人出門。他像是突然掌握了竅門一樣，大步地走在路上，這讓志工嚇了一跳，問他怎麼變得這般從容自在。

「自從那幅畫來了以後，拉奇就一直和我在一起。」

他是這麼回答的。他不僅能感受到拉奇的存在，拉奇就像是真的陪伴在他身邊一樣，當他經過有危險的地方時，拉奇都會輕點他的膝蓋。

「也許沒有人會相信我，但從那天開始，拉奇又回到我身邊了，儘管我看不見牠。」

在那之後，我很好奇大橋先生是不是還跟拉奇一起生活著，所以我透過志工向他詢問，但卻得到令人驚訝的答覆。

「拉奇已經不在大橋先生的身邊了。」

拉奇為什麼消失了呢？這與大橋先生努力使用白手杖有關。

自從掛上那幅畫以後，就連志工都聞見了狗狗的氣味，有時甚至還能感受到牠身體的溫度。

但是當志工對大橋先生說：「太好了，這下您就不用和拉奇分開了。」大橋先生卻只是輕輕地點了點頭。他彷彿下定了決心，每天都拿著白手杖走很遠的路，現在已經可以自己一個人到外縣市了。

有一天，大橋先生說要去拉奇長眠的動物靈園，志工陪著他一起去了。

抵達靈園後，大橋先生是這麼對拉奇說的：

「拉奇，對不起，讓你陪在我身邊。現在我可以自己拄著手杖去任何地方了。你就別擔心我了，好好休息吧，等我去那個世界找你。」

事實上，大橋先生一開始感受到拉奇的存在是很開心的，但漸漸卻開始為此感到難受。「拉奇會以靈魂的形式來到我身邊，是因為很擔心我吧。牠都已經不在世上了，我不能再繼續讓牠操心……」這就是為什麼大橋先生會那麼拚命練習拄白手杖。

拉奇肯定是放心下來了，從那之後，大橋先生就沒有再感覺到牠的存在了。

據說，人生在世，必須經歷的痛苦有八種。這在佛教中被稱為「八苦」。八苦的其中之一，是叫做「愛別離苦」的痛苦。顧名思義，這個詞是指與「心愛之人」分離的痛苦。我認為這不僅適用於生物，也適用於被人們珍惜的玩具或物品。

就像大橋先生一樣，與一同生活的愛犬離別，正是這種痛苦。

不過，我認為大橋先生的堅韌之處，在於他敢於努力與重逢的拉奇再一次別離。

對大橋先生來說，拉奇不僅僅是家人，有時是兄弟，有時是親子，有時是最好的朋友。

好不容易和無可取代的拉奇重逢，但卻還是選擇讓牠離開，我想這是有幾個原因的。

第一，是大橋先生不想讓拉奇擔心。第二，即便拉奇消失了，但大橋先生明白，拉奇的靈魂並沒有跟著消失，只是去了另一個世界。

還會再次相見的——或許是因為他領悟了這一點。

如果現在的你，正承受著與所愛之人分離的痛苦，請試著接受這種痛苦，並將之轉化為努力生活的力量，直到與所愛之人重逢的那一天。

# 走失兒童中心

我小時候經常走丟。看見髮型奇怪的人，我就會盯著他們很久。看見可愛的小狗，我就會跟著牠走……回過神來，已不曉得自己身在何處，就這樣迷路了。

儘管如此，我還是沒有記取教訓的一次又一次的走丟，或許是因為我堅信「就算走丟也會有大人幫助我」的緣故。如果我曾因為走丟而有過一次恐怖體驗的話，或許我就能學會更加小心吧。

這次我們要聊聊的，是一名叫做由香理的女性所經歷過的走失事件。

那是距今二十多年前的事了，當時我正在讀小學一年級。

由於年紀還小，細節我記得不是很清楚，但我記得當時我人在某個設施的

「走失兒童中心」裡。

一開始，我可能是和父母一起去了購物中心或遊樂園之類的地方。然後我就走丟了。我是一個孤僻且不太活潑的小孩，出門的時候一定會緊緊地牽著爸爸或媽媽的手。所以，我幾乎沒有什麼走失的經歷，這還是我第一次走丟。

這個走失兒童中心非常昏暗，牆壁是發黑的水泥牆，空間也不大。裡頭沒有窗戶，只有一扇長方形的門被外面的燈光照得白晃晃的。現在回想起來，當時是太陽高高掛在天上的時刻。

房間裡有幾名男職員。還有一張辦公桌，上面放著一台黑色的撥盤式電話。辦公桌前的椅子上坐著一個駝背的男人，他靜靜地盯著電話，彷彿是在等待電話鈴聲響起。

其他男人都戴著像警衛一樣的帽子，穿著灰色的工作服，雙腿張開到與肩同寬，雙手交叉在背後，一言不發地朝著門口站著。

我坐在一張兒童專用的折疊椅上，等著父母來接我。房間裡非常安靜，如果閉上眼睛就聽不見任何聲音，彷彿除了自己之外沒有其他人。

孤單和不安讓我很想哭，但我之所以沒有哭，不，是不敢哭，是因為房間裡太安靜了，我很怕自己放聲大哭的話，會發生意料之外的事情。

我不禁開始擔心，也許爸爸媽媽不會來接我了。如果就這樣到了晚上，我恐怕會被帶到其他地方……這時，離我最近的高大男子轉過身來，走到我面前，慢慢地蹲了下來。

男子的帽簷壓得很低，我看不清楚他的長相，所以我也不知道這個男人究竟面露和善的微笑，還是憤怒的表情。我抱有一絲期待，也許他會對我說一些溫柔體貼的話，但我的期待很快就落空了。

「妳覺得爸爸媽媽會來接妳嗎？」

面對男子壞心眼的問題，我不敢出聲，只是點了點頭。

「是喔，妳覺得他們會來啊。」
男子起身，居高臨下地看著我，低聲說道：
「可是，都已經過了這麼久，他們肯定不會來了吧。」
聽見這番話，其他男職員也小聲咯咯笑了起來。
我很不安，很傷心，很想趕快離開這個房間。
就在這個時候，房間門口傳來了一個女人的聲音。
「不好意思，是不是有一個叫由香里的小女孩走丟了？」
啊，媽媽來接我了！
「妳是誰？」
從男子低沉的聲音中感受得到他的憤怒。
「我是由香里的媽媽。」
「太好了，由香里，原來妳在這裡呀！」媽媽邊說邊緊緊地抓著我的手腕，帶我走出了那個昏暗的房間。

離開昏暗的房間後，我高興地望向緊抓著我的媽媽。這時我才注意到，牽著我的人，是一個我不認識的阿姨。

我不知所措了一會兒，但與其被送回那個昏暗的走失兒童中心，我寧願跟著這個女人走，於是我頭也不回地跟了上去。

女人用嚴厲的語氣對我說：「絕對不能回頭看！」然後，我被抱上一輛看起來像是小貨車的交通工具上。

女人坐在駕駛座，用一隻手握著方向盤，另一隻手緊緊地抓著我的手腕，一聲不響地發動車子。

我原本想問她要去哪裡，但一看到她的臉，我又什麼都不敢問了。因為這個緊抓著我手腕不放的女人，臉上掛著怒容，看起來非常生氣。

這個人是壞人——我已經確信這一點。

車內沒有人開口交談，車子也不曉得開了多久。後來，車子開始嘎嘎作響地劇烈搖晃了起來。

看來我們已經離開了柏油路，開上了碎石路。不久，車子停了下來。

女人將車子熄火後，神情嚴峻地對我說：「由香里，聽好了，我們要下車了。」她好像下了很大的決心，氣場非常逼人。

女人從駕駛座下車後，迅速打開副駕駛座的車門，再次緊抓著我的手腕要我下車。

我們沿著碎石路走了一會兒，我看見了一座小山丘。走近之後才發現，這裡的樹木相當茂盛，就像是一片叢林一樣。女人抓著我的手，沒有半點遲疑地一路前進。

接著，我們突然來到一片像田野般開闊的地方，到處都盛開著五顏六色的美麗花朵。

雖然當時的我處於恐懼之中，但眼前的景色實在太美了，以至於我忍不住驚呼：「好漂亮……」

「走了！」女人依舊拽著我的手大步前進。雖然手很痛，但我一句話也不敢抱怨。

沒多久，我在一望無際的原野上看見了一個人影。

隨著我們一步步往前走，那個人影離我們越來越近，對方看起來是一位中年男子。

「請這個男人幫助我吧。告訴他這個阿姨是壞人。對著他大喊救命。」

我暗自下定決心，得確保不會被女人察覺才行。

當男人快要與我們擦身而過的時候，女人突然緊緊地拉著我的手臂，在我耳邊低聲警告：「別說話！」

我嚇得發不出聲音，那個男人就在某個地方消失了。

我錯過了唯一能得救的機會……雖然很後悔，但事已至此，我別無選擇，只能繼續跟著這個女人走。

不知道走了多久，我的眼前出現了一條大河。

當我們走到河邊時，女人突然一把將我推進河裡。

雖然差點摔倒，但我勉強保持住平衡，雙腳站在河裡。河水的深度大約淹過了我的膝蓋。

我嚇壞了，茫然地站在河裡，女人忽然拔高音量向我威嚇說：

「快點走過去！如果妳再來的話，下次就真的會被抓走了！」

我只能不顧一切地拚命渡河。過了河之後，我回頭一看，那個女人還站在對岸瞪著我。

感覺那個女人隨時都會追上來，我害怕得趕緊逃離河邊，沒命似地往前跑。我只是一直跑，跑到意識開始逐漸模糊，跑啊跑……

等我回過神來時，我發現自己躺在醫院的病床上。

「由香里！」

這次喊著我名字的人，是真正的媽媽了。

原來，遭遇車禍的我被送往醫院，一直處於命危的情況。

我一直以為自己是待在走失兒童中心，但事實上，我似乎是處在死後的世界裡，在鬼門關前徘徊。這麼離奇的故事，您不會相信的吧？

由香里說完後，臉色漲得通紅，尷尬地低下頭。雖然這是她的親身經歷，但聽起來卻有點像是小孩子的幻想。也許別人會這麼認為吧。

由香里小姐渡過的那條河，應該就是「三途川」。據說那條河就位於陰間和陽間的交界處，許多文獻都記載著人死後會看見三途川，而有過瀕死體驗的人也說他們都看到了那條河。或許由香里小姐看到的世界，就是三途川的彼岸，也就是死後的世界。

由香里小姐一直在「走失兒童中心」等待。這可能意味著，在車禍發生後，由香里小姐被迫在這個世界和另一個世界之間，等待著決定她是生是死的判決。

目前已婚的由香里小姐已經有了孩子，她在孩子上小學一年級時分享了這個故事。然後孩子對她說了這樣的話：

「抓著媽媽的手的那個女人，雖然看起來很兇，但她是個好人呢。」

「現在回想起來，當時讓我很害怕的那個表情，可能只是她太拚命了。拚命地想讓我起死回生，拚命地告訴我現在還不能死。或許是我的祖先費了很大的力氣才把我帶回了這個世界……」

有了這樣的想法之後，現在的由香里只要一有空，就會去祖先的墳前參拜。

# 「我死了嗎？」

我聽過許多人分享各式各樣不可思議的神祕體驗。我覺得會鬧鬼的地方，都存在一些雷同之處。

例如，雖然大家覺得理所當然，但我認為醫院或隧道等靈異地點，以及廢棄的房屋、村莊確實更容易碰到靈異現象。當然，這並不能證明只要是這些地方，就一定會有很多靈異現象。

這是因為廢棄的房屋和村莊往往既冷清又四處腐朽，很容易讓人聯想到死亡，進而對自然現象產生恐懼，甚至將之連結到靈異現象上。

其次，山也是一個很容易撞鬼的地方。很多不可思議的靈異事件都發生在山上。「山」這個地點有很多容易被誤認為是靈異現象的因素，比如說，黑暗、樹木搖曳的聲音、動物的動靜等。
這次，我想分享一個發生在某座山上的奇異現象。而且，那裡不僅僅是一座山，還是一個著名的靈異勝地。
那是一座當地人經常攀登的山，但每年總會有幾個人在那裡失蹤。還有傳聞說，如果你在深夜造訪此地，會聽到不知道從哪裡傳來「喂——我在這裡——」的聲音。
「其實我本來不想去的，但只有我一個人反對……」
告訴我這件事的人是A，是個大學生。他們四個感情要好的男生相約一起去那座山，意願不高的A之所以加入，是因為他是四個人中唯一有駕照的人。
其實一開始他們找我去的時候，我是很猶豫的。我本來就很怕鬼故事和恐怖電影，不喜歡這些事。
要是讓他們知道我會怕的話，那就有點丟臉了。但朋友們還是堅持要去那座山，我只能硬著頭皮去了。

凌晨一點多，我借了爸爸的小車，從家裡出發。

我們必須在蜿蜒曲折的山路行駛一段時間，才能抵達目的地的登山口。這段路的路燈很少，猶如要把我們帶往靈異世界的入口一般。我們四個男人坐在我爸開了多年的老車上，再加上山路很陡峭，就算油門踩到底，車速也快不到哪裡去。當路燈的光線照進車內，直到下一盞路燈的時間似乎變得格外緩慢，這也加深了我的恐懼。

我故意在車裡播放快節奏的音樂，這樣就不會被朋友們發現我怕得要命。

然而，其中一個朋友說：「既然我們都要去靈異景點了，不如就沿路講鬼故事，把恐怖氣氛炒到最高點吧。」

「這傢伙提這什麼爛主意啊！」我有股衝動想要掉頭走人，但又不想破壞氣氛。我努力不去聽朋友們講的鬼故事，一邊想著其他事情，一邊開著車。

不久，我們終於抵達目的地。山上有個停車場，我把車停在那裡。停車場裡只有一盞老舊的路燈孤零零地矗立在那裡，只有它的正下方被燈光照亮，散發出一種陰森氛圍。

朋友們看到這一幕可能也有點怕了，所以他們提議，從停車場到登山口這一段路也開車過去。

從停車場到登山口似乎只有一條路，但路面未經鋪砌，是一條真正的山路。我別無選擇，只能硬著頭皮把車開上那條碎石路。輪胎捲起的碎石砸在車身上，車內因此響起了哐啷哐啷的聲音。

開了一段路後，那條路變得越來越窄，只容得下一輛車通過。儘管如此，我們還是繼續驅車前行。

然而，碎石路上開始出現了大石塊和類似岩石的物體，車子開到這裡已經是極限了吧。

車子果然只能走到這裡了。朋友們也說：「現在開始用走的吧。」然後決定下車。

我把車子熄火。「山裡的靜謐」讓我感到很訝異，平時生活在城市裡的我們從未置身於如此安靜的環境。其中一個朋友帶來了一把很亮的LED手電筒，照亮了周圍，但明亮的光束也無法消除這片靜謐。這裡安靜到讓人覺得吵鬧，或者說這片靜謐把我壓得喘不過氣來，我滿腦子都是害怕到想回家的心情。在思考該怎麼辦以後，我對朋友們說道：

「我在車裡等吧。」

「為什麼？」

「因為……要是對向有車過來的話，我得移車啊。」

「不是啊，這種路怎麼可能會有對向來車啊，而且都這麼晚了。你是不是怕了？」

就算被他說中，我也沒有心情虛張聲勢了。其他朋友則是出面打圓場說：

「就算待在車上，自己一個人留在這裡還是比較恐怖吧。」獨自一人的確是有風險的，但我還是決定留在車裡，再怎麼樣也比繼續往前走要好。於是，我的三個朋友把我留下來，繼續往前走。

儘管車頭燈可以照得很遠，但三人的身影很快就消失在我的視野中。

留在車裡的我先是打開了音樂，車內照明燈和車頭燈也是開啟的狀態，我還鎖上車門。正當我打算用手機看搞笑藝人的影片時，我發現我的手機已經收不到訊號了。

光是這樣，就讓我有種被遺留在一座孤島上的感覺，我祈禱朋友們能快點回來。

我感覺時間正漫長地流逝，但一看車上的時鐘，才發現我和朋友們分開不過只有幾分鐘而已。人們總說，難熬的時間會讓人覺得更漫長，此時的我的確是獨自一人處在煎熬的時間漩渦裡。

我時不時地朝車外看，想看看他們回來了沒有，但除了車頭燈能照到的範圍，其餘一切都籠罩在黑暗中。

正當我一邊等待，一邊反覆查看車外的情況時，車頭燈似乎在微微晃動。我壓抑著恐懼定睛一看，發現是個人影。

「哦，他們終於回來了！」我鬆了一口氣，看著那個人影走進車頭燈的亮光中。但被照亮的不是我的朋友，而是一位看起來有點年紀的男人。

「糟了，車上播的音樂都傳到外面去了吧，他肯定是來警告我的。」

我急忙把音樂關掉。

男人慢慢地朝車子的方向走來。最後走到駕駛座的車窗旁，我把車窗打開了一個縫，主動說道：

「不好意思，是不是給您添麻煩了？」

男人皺著眉頭，撇起嘴不滿地說道：

「這個時間你把車子停在這裡會很讓人困擾啊……其他人跟車子也是要進出的。」

我完全無從辯駁。雖然是被警告，但我卻有一種好久沒有和人說話的感覺，所以反而有點高興。

「不好意思，我馬上就把車開到下面的停車場。」

「你在這裡做什麼？」

「我朋友進山了……」

「怎麼可以在這個時間進山呢？」

「不好意思，大概再十分鐘左右，他們應該就要回來了。」

「是喔。那你十分鐘後再把車開上來吧。在那之前，先停在下面的停車場。」

男人說完便離開了。

我慢慢倒車回停車場，大約十分鐘後，我又回到了登山口。我的朋友們還沒有回來。

怎麼這麼慢，是不是出了什麼事……就在我焦急等待的同時，男人又向我走了過來。當我打開駕駛座的車窗，正要和他說話時，我嚇了一跳。

跟剛才完全是不同的人。

已經這麼晚了，深山裡到底有多少人呢？

眼前的男人比剛才那位年輕了一些，他背著綠色的背包，穿著打扮就像是一個登山客。聽說這裡是登山界的名山，或許來這裡的都是登山客吧。

我想通了以後，正打算向這個人解釋我把車停在這裡的原因，但對方先開口了。

「那個，現在方便跟你說句話嗎？」

「不好意思，我在這邊等我朋友下山，他們應該馬上就會來了……」

「那個，我想跟你請教一下……我是不是死了？」

啊？我是不是死了？男人不惜打斷我說話也要問這個問題，真的很奇怪。

「咦？您活得好好的啊。」

我幾乎是下意識地回答，男人卻稍微偏了偏頭，好像不是很滿意我的答案。

「沒有啦。剛才我看到自己的身體倒在溪邊，所以……我可能已經死了。如果真是如此，早知道我就不跟家人吵架了。」

說完，男人便消失在山林之中。

就在我幾乎和那個男人擦身而過的時間點，我看見我的朋友們朝車子跑來。

「你們也太慢了吧。剛才有個男的……」

「你先把車開到有訊號的地方再說！」

本來想叫他們別假裝沒聽見我說話，但朋友們看起來太著急了，我趕緊倒車，盡可能快點開到能收到訊號的地方。

其中一個朋友立刻用收到訊號的手機撥打電話。

「喂？請問是警察嗎？〇〇山的溪邊有個人倒在那裡，好像已經沒有呼吸了。」

報完警後，朋友們才把事情詳細告訴我。

他們在一片漆黑中仰賴著手電筒的燈光從登山口爬了幾分鐘。接著，他們聽見了像河水流淌的聲音，於是拿手電筒往水面一照，看到溪邊有個綠色背包。走近一看，發現是一個男人倒在那裡——我追問了那個人的身高、體型等特徵，發現那正是剛才和我交談的中年男子。

「我是不是死了？」

男人的那句話又浮現在我的腦海裡。

幾天後，警方聯繫了我們。原來，倒在溪邊的男子在登山途中失蹤，幾天前他的家人才提出了搜索申請。警方解釋說，他可能是從山路上滑了下來，最後在溪邊耗盡力氣。警方還說，死者家屬想向我們表達謝意。正好我也想去上個香，於是決定登門拜訪。

祭壇上的照片，就是當時那個男人的臉。

儘管這麼做可能不太合適，但我還是和家屬們說了我和男人的對話。我也把男人說過的話一併轉告給他們，「早知道我就不跟家人吵架了」。

然後，其中一位家屬告訴我，男人很喜歡登山，經常一個人跑去山上。不過，或許是年紀大了，他總是會帶著傷回家，或是在山裡受困而發出求救信號，家人甚至警告他不要再去登山了，否則只會一直給人添麻煩而已。

但他還是依然故我，所以和家人發生了口角，就這樣離開了家，而這就是他們彼此向對方說的最後一句話。

雖然這只是我自己的想像，但我認為男人應該很後悔，爭吵的內容變成了他和家人最後的對話。

幾天後，我和朋友選在大白天的時候再次前往那座山。

我們在男人倒下的地方點了香。

這一天，我把車停在下面的停車場，參拜結束後就沿著上次開車經過的路慢慢地下山。

突然，我注意到了一棵大樹。樹上綁著一個尼龍真空袋，袋子裡裝著一張舊到褪色的紙。

「尋人啟事——」

一看就知道那是在找失蹤者。我記得每年都會有好幾個人在這座山裡失蹤。

紙上寫著失蹤者的相關資訊，包括身高、中等身材、當時穿的衣服等，還寫著「平時就很喜歡山，總說想住在山裡」。

當我看到文字下方貼的照片時，背脊突然一陣涼意襲來。照片上的人就是那天我待在車上時，第一個來跟我搭話的男人。

從照片下方的日期算起，已經過去快七年了。我想那個人現在仍住在他所熱愛的山裡。

自古以來，山上就居住著神靈、魑魅魍魎、山童等不同於人類的形體，據說一到丑時三刻（凌晨兩點左右），它們就會下山。

害怕夜晚的山，可能是出於人類的本能吧。因此，我們人類絕不能忘記敬畏山的心情。我是這麼認為的。

# 第三章

# 忌

有一種習俗，會在有人去世的房子前門貼一張寫著「忌」字的紙，這是一種「忌諱」的舉動。

在神道世界中，死亡被視為是一種污穢。因此，直到忌日結束之前，也就是污穢消除之前，人們是被禁止參拜神社的。由於這間屋子裡有人去世，所以就把這張紙貼在門口，讓周圍的人知道這間屋子不乾淨。此外，在葬禮結束後回家的路上，人們會把鹽拿來踩或是灑在自己身上，以驅除死亡的不潔。

以上是神道的思考方式。但在佛教中，死亡被認為是自然的一部分，不需要把死亡視為是一種禁忌。舉行喪禮時，玄關可能會貼上「喪中」的字樣。喪中是指正在服喪中，遺屬們在為故人祈求冥福。四十九天後，喪事一結束，就會恢復正常生活。

然而，在佛教中，「忌」也有不潔的意思。如同它的漢字寫作「自己的心」一樣，佛教認為的污穢，存在於自己的內心之中。

雖然佛教和神道對於死亡的看法不同，但對於忌諱的「忌」字卻有著相似的見解。

所謂的「忌中」和「喪中」，除了為故人祈求冥福的同時，或許也是重新審視自己的時刻——要保持什麼樣的生活方式、思考方式和心態，才不會讓逝者蒙羞。

# 從天而降的腳

一位年輕人來到蓮久寺參拜。

他彬彬有禮，腰桿直挺，談吐乾淨俐落。我對他的印象，就是個內心剛強的年輕人。

這位年輕人從北海道當地的一所高中畢業後，任職於京都的某間公司。這間公司備有員工宿舍，即便是第一次獨自生活的人也不會覺得辛苦。他很快就適應了新工作，不但深受上司及同事們喜愛，還結交了很多朋友。

和他聊了幾分鐘後，我看得出來他非常溫柔，也很有正義感和責任感，是個很受到別人仰慕，同時也很樂意照顧他人的人。

他來到蓮久寺的原因只有一個。

故事要從某個炎熱的夏日講起，當時他所居住的員工宿舍，正在進行房間的交換。

公司的員工宿舍有三層樓。我一開始住在一樓，但原本住在三樓的上司搬走了，所以我決定搬進那個比我現在還要大一點的房間。

那個房間的優點不僅是比一樓的房間寬敞，而且還有一個陽臺。自從我住進一樓的房間後就一直很羨慕，如果夏天的夜晚可以打開陽臺窗戶讓風吹進來，那該有多愜意啊。

如願以償搬進三樓房間的那個晚上，我睡覺的時候把房間的窗戶都打開了。一樓的房間很悶熱，相較之下，現在一陣陣涼風吹進房間，吹在身上很舒服，跟我想像的一樣舒適。

當我搬進這個房間時，我把床墊換成了現在流行的低彈力記憶床墊，效果也很好，我很快就睡著了。

第二天早上，雖然睡了一夜好覺，但我卻覺得身體比平時還要疲憊。當時我並沒有多想，覺得可能是換了一個新環境的關係。

那天快下班的時候，我感到前所未有的疲倦，尤其是胃部出現一種刺痛感，甚至覺得噁心想吐。

上司見狀，要我早點下班回家休息，於是在工作告一段落後，我便提前下班了。

我先是去了一趟醫院做檢查，然後回到自己的房間，連晚餐都沒吃就鋪好被子躺下了。陽臺吹來的風輕輕地包裹著我疲憊的身體。

不知道過了多久，我突然開始呼吸困難，正當我要坐起來的時候，一個不可能出現的東西映入我的眼簾。

那是一隻陌生人的腳。眼看那隻腳就要踩到我熟睡的腹部了，我想避開，但身體卻動彈不得。

我一生中從未感受到如此大的死亡危險。怎麼辦，再這樣下去會出事的。我只能在心裡大喊，身體卻一動也不能動。

就在這個時候，那隻懸浮在空中的腳猛然地朝我的腹部踩下。

剎那間，我的腹部繃緊，我感覺到那隻落下的腳從我的腹部穿了過去，踩進了我的後背。不，與其說是感覺到，不如說它確實穿過去了。

下一秒，我的身體就可以自由活動了。我立刻從被窩裡滾了出來。

我會說那隻腳肯定穿過了我的腹部，是因為當我翻身出去後，看見我的低彈力記憶床墊上，差不多在我腹部附近的位置，明顯壓出了一個人的腳形。

我連忙坐起身，環顧房間四周。接著，我看見陽臺上有一道人影在晃動。搖晃的人影逐漸清晰可見，那是一個身穿盔甲的武士。

我嚇得說不出話來，只是直盯著他看，然後他突然就嗖地消失了。

那天晚上，我把房間裡的燈全打開，在被窩裡躺到天亮都沒能睡著。

儘管我緊張得睡不著覺，但早上起床時，我覺得自己的身體狀況好了很多，甚至不像是個昨天肚子非常痛的人。

那天的工作十分順利，我把前一天早退的工作量全都彌補回來了。當時，我還以為是醫院開的藥起了作用。

我順暢地完成工作，下班回到房間時，我突然想起昨晚發生的事。但畢竟我昨天又累又不舒服，因此只能努力說服自己相信——那一切都是幻覺。

我吃完晚飯，洗了個澡，一口氣喝了兩瓶啤酒後，我決定比平常更早上床睡覺。

雖然我有點在意陽臺，但這天晚上熱到足以被稱作「熱帶夜」[1]，因此我還是把窗戶打開了。

雖然我以為昨晚的事只是自己的想像，但說實話，我覺得只要一睜開眼睛又會看到那隻腳，我想我的內心深處還是相當害怕這種難以解釋的現象。但那天我卻平安無事地一覺到天亮。或許真的是我的錯覺吧，而且我的身體狀況還是非常好。我鬆了一口氣，原來只是幻覺啊。

然而，當人們越是狀態好的時候，就越應該小心。

我的心情很好，身體狀態也不錯，因此工作時在搬運裝有商品的紙箱時，我一次搬得比平時還要多，甚至想這樣一口氣搬下樓梯。

由於看不清楚眼前的路，我從樓梯上失足跌了下去。雖然紙箱裡的商品安然無恙，但我兩個腳踝都扭傷了，又得再去醫院一趟。一位同事陪我去了醫院，醫生告訴我，我必須至少休息一個月，工作得請假一段時間了。

我坐在輪椅上被他們推回宿舍，我像是用爬的一樣鑽進了被窩。雖然被固定住了，但我兩個腳踝仍有疼痛感，我甚至完全沒有食慾。不知不覺間，我就陷入了沉睡。然後我做了一個奇怪的夢。

在夢裡，我從房間天花板的角度看著自己睡在被窩裡，也就是所謂「靈魂出竅」的狀態。

這時，一個穿著盔甲的武士從陽臺上悄無聲息地走了進來。「又是他！」我

1 熱帶夜，日本氣象廳用語，意指夜間的最低氣溫超過攝氏二十五度。

本想叫醒正在睡覺的自己，但武士就站在熟睡的我的腳邊，他忽然抬頭看向天花板，和我四目相交。由於武士的臉上戴著面甲，我看不出他的表情。只看見那雙銳利的眼神正直直地瞪著我。

然後，他回頭看向熟睡的我，對著我受傷的雙腳奮力地踹下去。那股猛勁把我嚇得跳了起來。

原來是夢啊……但實在太逼真了，在我做過的所有夢裡，第一次有如此鮮明的真實感。

我的心臟狂跳不已，從臉到腳都大汗淋漓。我想先用毛巾擦擦身體，當我要從被窩裡爬出來時，我忽然意識到一件事。

疼痛消失了……原本疼痛難耐的兩個腳踝已經完全不痛了。我不由自主地摘下固定雙足的護具，試著慢慢地彎曲腳踝，沒有半點疼痛或不適，腫脹也已經消退，完全看不出受傷的痕跡。

我忍不住看向陽臺。當然，那裡沒有人。難道那個穿著盔甲的武士是來治療我的腳的嗎？我的腹痛和腳踝扭傷都是在被武士踩過以後痊癒的。

第二天，我若無其事地去上班了。我的上司、同事、下屬通通都大吃一驚。於是我告訴他們那個武士的事。

接著，我的一位同事說，那個武士或許是我的祖先，每當我遇到什麼事情，祂就會來保護我。

我打電話回北海道的老家，告訴父母我與那個武士的事，也問了關於祖先的事。然後，父母非常驚訝地說：「那肯定就是我們家的祖先。」

原來，我的祖先是一位來自關西地區頗有名氣的武士。

父母一直沒有告訴我這件事，他們幫祖先的墳墓重建翻新，還跟祖先報告他們的兒子在關西找到一份工作且將在那裡生活，除了表達至今為止的感激，也祈求今後繼續守護他們的兒子。

「每次你生病或受傷，都是祖先把你治好的。所以，你可千萬不要過那種會讓祖先擔心的生活。」

在父母的叮嚀下，我對祖先充滿感激。雖然我覺得祖先守護我的方式有點粗暴，但正因為如此，也讓我得以重新振奮起來。

由於這個年輕人沒辦法立刻動身回北海道的老家上香，所以他來到蓮久寺，希望我能代為為祖先誦經以表達他的謝意。

在《法華經》的經文中，有一句話叫「即是道場」。這句話的意思是，如果你一邊誦經，一邊想著祖先或已故的人，那麼無論你身在何處，都可以供養祖先。

旋即，我為年輕人的祖先進行供養。誦經結束後，我看向這位年輕人，我能從他威風凜凜的眼神中感受到武士精神，「非常感謝！」他對我說。

# 內人

「最近，我內人的樣子怪怪的。」

說話的是一位姓須藤的老人，他有著一頭漂亮的白髮和白鬍子。

須藤先生年輕時創辦了一家公司，現在已發展成一家擁有超過五十名員工的企業。如今他卸下社長一職，轉而擔任公司的會長。

須藤先生是在現任社長的建議下來到蓮久寺找我的，而社長此時也在場。

須藤先生在創業之初，經常無力償還銀行貸款，不得不變賣家當換取現金，或是向熟人借錢，過得非常辛苦。

儘管如此，他還是透過自己的努力，成功爭取到大公司的訂單，努力償還債務。

然而，正當公司業務漸入佳境時，須藤先生卻因為過度勞累而倒下，不得不住院治療。

這是一個讓公司起死回生的大好機會，這樣下去會耽誤與大公司之間的交易……就在他感到灰心喪志、無力回天時，一名員工解救了這個危機。為了不耽誤與大公司之間的交易，她會在公司加班到深夜，甚至為了完成被延誤的工作而在公司過夜。

多虧了她，公司才得以度過難關。而那位敬業又犧牲奉獻的員工就是他現在的妻子，當時還是女性剛開始步入社會的年代，「我想內人也經歷過很艱難的時期……」須藤先生像是在心疼妻子一樣，露出了溫柔的目光。

在那之後，須藤先生的公司曾多次面臨危機，包括泡沫經濟破滅和雷曼兄弟事件等，但每次都能透過自己的想法和努力化險為夷。須藤夫婦從年輕時就一路同甘共苦地走來，但須藤先生說，他妻子最近的行徑很奇怪。

我是在幾個月前，注意到內人有些不對勁的。當時我因為慢性病而住院治療。

由於我會定期住院治療，她也已經習慣了，所以她之前並不會每天都來探視我。但我這一次住院，她幾乎每天都到醫院報到。

主治醫生和護理師甚至笑著說：「乾脆太太也一起住下來吧？」

「我很好，沒什麼事，妳可以待在家裡放鬆呀。」

「就算我待在家裡也沒什麼特別的事可以做嘛。」

內人笑著這麼說道。

大約十年前，我們夫妻倆一起退休，把公司交給了值得信賴的員工。所以，內人在家的確也沒什麼事可做。與其一個人度過閒暇時間，還不如有個對象可以聊天，所以她才會每天來吧。當時我心裡是這麼想的。

直到我出院之後，內人奇怪的舉止讓我開始擔心了起來。

我返家後，發現家裡多了一個陌生女子。

我驚訝地詢問內人，她才告訴我她雇了一個幫傭。過去，內人在做任何決定之前，通常會徵求我的意見，但這次她卻完全沒有找我商量。

此外，內人還說了很奇怪的話。像是「這位幫傭才剛來，還不熟悉家裡的狀況，希望你不要要求她做這個、做那個的……」等等。

我本來就是「自己的事情自己做」的性格，很少要求別人幫我做事，要配合這一點並沒有問題。不過，我還沒聽過有哪個幫傭是不能叫她做家事的。而且我還注意到，這位幫傭可能是因為緊張，臉色看起來不太好，

不光是這樣，在家看電視的時候，內人會突然從座位上站起來，不曉得要去哪裡。就算我追問她要去哪裡，她也只會說「我馬上回來」，然後就和幫傭一起離開了。

我好奇地跟著她們，結果她們根本沒出家門，只是進了佛壇所在的房間，兩個人又很快地出來了。

最奇怪的是，深夜在二樓的臥室睡覺時，內人會偷偷離開房間去別的地方。

起初我以為她只是去上廁所，但因為每天晚上都是如此，出於擔心，我決定跟出去看看，想知道她都去了哪裡、做了什麼。

這一天，我比平時還要早上床睡覺。內人說她也要睡了，我們就一起去了臥室。

我躺在床上，看見內人已經在我旁邊的床上睡著了。於是我閉上眼睛，不知不覺就睡著了。

當我醒來的時候，已經是深夜了。我正想看時鐘時，就感覺到有人影在動。內人正要離開房間——這麼想以後，我決定假裝睡一會兒，觀察看看情況。等到房間裡沒有任何動靜後，我打算起身，當我睜開眼睛時——

「哇啊！」

我看見床邊有兩個影子。是人嗎？我看不清楚臉，但我感覺得到有兩個人正低頭盯著我看。

「老公，怎麼了？」

其中一個影子發出的，無疑是內人的聲音。

而站在內人旁邊的人，就是那個幫傭。

「我……我才要問妳們這個時間在幹嘛？妳們這是要去哪裡？」

我驚慌失措，不由自主地拔高音量，但內人的聲音卻很平靜。

「我一直在這裡呀。我就在你身邊。」

接著，內人要幫傭回到一樓，幫傭便離開了房間。

在大半夜把幫傭叫醒，讓她進入臥室盯著我的臉看，這種事怎麼想都不正常。內人的行為舉止開始變得匪夷所思。

也許內人是罹患了失智症，如果不是的話，那就是被邪靈附身了吧……

我很害怕，但又不敢隨便和人商量。在跟社長聊過以後，他建議我去醫院尋求協助之前，可以先來找三木住持您諮詢，所以我才前來拜訪。

須藤先生是這麼說的。

如果真的是因為靈異因素的話，沒有見到太太本人是無法做出判斷的。於是，我請他再帶著太太過來一趟。

須藤先生表示理解，決定改天帶著太太一起過來。

或許是心裡稍微鬆了一口氣，當須藤先生正準備離開正殿時，社長向我招了招手，示意我到一旁的角落。

社長像是為了不被須藤先生聽見，小聲地告訴我──

「其實，會長夫人已經在會長住院期間過世了。當然，會長本人也參加了太太的葬禮……」

須藤先生辭去社長的職務後，或許是失去了幹勁，加上痛失愛妻，是不是因為打擊太大而罹患失智症呢？

由於須藤先生對太太的描述非常真實，以至於我完全沒察覺出異狀。

「雖然這只是我的推測，也許在須藤先生住院時，太太已經預見了自己的死亡，所以希望夫妻倆可以陪伴彼此到最後一刻。而在那之後，須藤先生依然能看見太太的身影，我想是因為會長夫人真的就在身邊守護著他。」

聽完這番話，社長就和須藤先生一起走出正殿。

然後，社長向我深深鞠了一躬後，如此說道：

「這就代表會長夫人依然在守護著公司吧。如果是這樣的話，能不能請您替我轉告她，很抱歉讓她費心了。如同會長夫妻倆過去克服了許多危機一樣，我們全體職員也將齊心協力，努力克服這場由新冠疫情引發的危機。就請您這麼轉告她。」

社長再次向我深深地鞠躬致意。他身邊站著一位老太太，臉上洋溢著溫暖的笑容。她向我輕輕行了一禮，然後就悄悄地消失了。

「失智症」一詞是隨著現代醫學發展後誕生的。在醫學還不發達的年代，人們稱有失智症症狀的人為「迷失於中有」。

「中有」是一個佛教用語，指的是所謂的死後世界。

失智症患者會在死後世界和現實世界之間來回穿梭，所以他們才會講出一些不可思議的話。

不久之後，須藤先生離開了人世。

從社長那裡收到消息的那天晚上，我做了這樣的夢。

「三木住持，我帶內人來了。」

須藤先生神采奕奕地牽著一位女性的手，在他身邊笑得溫柔婉約的女性，肯定就是會長夫人了。而兩人身後還站著一位女性，像是在引導他們一樣。正當我想著這名女性應該就是須藤先生提到的幫傭時，我就從夢裡醒來了。

或許須藤先生所說的幫傭，就是來自冥界的引路人吧。

# 知識分子

「我完全不相信三木先生您說的故事。我知道我這麼說很失禮，但說白了，您就是個瞎編胡謅的和尚。此外，我也認為那些會信仰宗教的人，他們都缺乏科學知識。」

當著我的面，提出這些嚴厲批評的人，是去年剛退休的井上先生。

井上先生從國立大學畢業後，進入一間一流商社工作。然而，由於厭倦了處理大公司的人際關係，他以離家較近為由，轉職到一家小公司，一路工作到退休。

那麼，像井上先生這樣的人為什麼要到蓮久寺來呢？

……我本來不想來的，是我太太非要我來這一趟，所以，我也是勉為其難才來的。

其實，我有一個兒子，今年要三十了。但這五年來，他足不出戶，甚至不走出自己的房間。我沒想太多，因為就算放任他不管，總有一天他也會出來吧。但我太太很愛操心，還四處尋求解方。然後，她說她發現兒子足不出戶的原因之一了。

那就是——你最愛掛在嘴邊的「鬼」。

有時候，我兒子會大喊「滾出去」，當然，根本沒有人進他的房門，但他就是這麼喊的。

我太太從兒子那裡聽說，他看得見小孩子的幽靈，因為「祂」跑到房間裡，我兒子才會大吼大叫。

那肯定只是幻覺啊，但我太太很擔心真的有幽靈存在。

我覺得去醫院就能治好兒子的毛病，但我兒子不肯離開房間，也沒辦法把醫生請到家裡。

這整件事就是如此荒謬，總之，我得想個能讓太太信服的說法。這就是我大老遠跑來這裡的原因。只要買個護身符之類的東西回去，我太太心裡應該就會好過一些了。

井上先生語速很快的把事情的來龍去脈交代完了。當我把護身符分送給他後，他彷彿覺得此地不宜久留，放下布施後就徑自離開了。

誠然，靈魂和神祕現象尚未得到科學證實，世上也確實存在假借超自然力量的名義詐騙錢財的無良宗教。那麼，我們要怎麼辨別真假呢？

我是這麼想的，例如佛教，根據不同的教派會有不同的教義，我認為，重點在於檢驗宗教教義的基礎與其實際說出來的話，兩者是否存在矛盾。

在歷史悠久的佛教中，是以佛陀的教誨及經文為基礎的。假設我說：「我們去傷害其他人吧！」但作為這個宗教基礎的佛經裡寫道：「不要傷害他人。」如果比對我的發言和經文的內容，就會知道我說的是錯的。

然而，即便對方不是信徒，我們也只能祈禱遞出去的護身符可以引導他們走向正確的一方。

幾天後，井上先生再次來到寺裡，他的妻子和那位足不出戶的兒子也一起來了。

我很好奇後來發生了什麼事，井上先生這樣告訴我。

我把護身符帶回家以後，我太太馬上貼到了兒子的房門上，就只是這樣而已。從那天起，再也沒聽過我兒子大吼大叫的聲音了。

但接下來，卻輪到我的書房兼臥室開始發生奇怪的事情。我在書房裡看書時，會聽到房門自己打開或敲打的聲音。當然，我根本不相信靈異現象，所以也沒多想，門可能是被風吹開的，敲門聲也可能是我聽錯罷了。

有一天晚上，當我正在睡覺的時候，又聽到有人敲門的聲音。

我以為是我太太或兒子，就問了一句：「是誰？」

接著，門無聲無息地打開了，一個小孩子走進我的房間。

我以為我看到了和我兒子一樣的幻覺。儘管還沒有獲得充分的物理證明，但有報告指出，「一對雙胞胎即使相距很遠，還是可以思考和感受到相同的事情」。因此我想，可能是我和兒子之間也發生了類似的現象。

我冷靜地對那個孩子說：

「你是誰？」

接著，孩子哽咽地回答道：

「哥哥，我這麼笨，對不起。」

我很吃驚。我在黑暗中直直盯著那個孩子，想看清楚他的臉。然後，我就確定了，那個孩子是我的「弟弟」，絕對錯不了。

我忍不住朝著那孩子走近，抱住了他。那個感覺至今仍留在我的懷裡。

我有一個在小學二年級就去世的弟弟。我弟弟有智力障礙，所以他在學校經常被同學嘲笑和欺負。他甚至不曉得自己被欺負，整天樂呵呵的。後來，他就因病去世了。

當時，我心想：這個世界上根本沒有神，也沒有佛。因為我弟弟出生在這個世界上，還沒有感受到任何幸福就死了。一想到我弟弟短短的人生只有痛苦的經歷，我就覺得宗教只不過是一群騙子在胡說八道罷了。

在那之後，我拚命讀書，就是不想像弟弟一樣。結果，我考上了國立大學，畢業後進入了一間頂尖的商社。我靠自己的力量獲得了幸福，我為此感到驕傲。

所以，我從兒子還小的時候就一直囑咐他，一定要上一流的大學，進入一流的公司。

然而，他的成績充其量只能算中上，很難成為我理想中的樣子，所以我總是責罵他。

「你為什麼辦不到？你得成為更優秀的人啊。」

不，也許我是在生兒子的氣，因為他無法成為我理想中的樣子。

但是當我再次見到我弟弟，甚至聽到他說的話以後，我的想法稍微改變了。弟弟真的不幸福嗎？是不是我單方面如此斷定，而他其實是很幸福的呢？我開始這麼想。

有些人像我一樣擁有高學歷，進入人人稱羨的公司，但過得並不快樂。相反的，可能有很多人，即便沒有高學歷，也過得很快樂。

我站在兒子的房間前說道：

「你已經很優秀了，你有權利幸福快樂。我們一起朝著這個目標努力，好嗎？」這是我真實的感受。

第二天，兒子從房間裡出來了。我和他聊了很多，這還是我第一次和他聊了這麼多事。

我兒子之所以足不出戶，並不是因為「我弟弟」的幽靈，而是因為我完全否定了他這個人，直到現在我還深刻地反省著。

看著笑容滿面的井上先生，太太和兒子也顯得很高興。一家三口向我道謝後就離開了。

「擁有知識」是一件非常好的事，而知識淵博的人越來越多也是一件很棒的事。但如果世界上每一個人都是知識分子，我想會出現更多問題。

那就是，看不起周遭的人、以貶低知識量不足者為樂的人——這樣的人會越來越多。

在佛教中，有一個詞叫做「依智不依識」。意思是「不要依靠知識，而要依靠智慧」。這並不是說知識是不必要的，而是告誡人們知識不是萬能的。一個有智慧的人會從自己的經驗中深入思考、領悟道理，並擁有一顆懂得關懷與體貼他人的心。

即使對方擁有的知識不如你，也不要因此就認為他們低人一等。如果一個人能夠以智慧行事，那麼他就是一個了不起的人。

# 媽媽的粥

從外面看，這間店就像一棟普通的民宅。但實際進到店裡，你會發現這是一間裝潢氣派的中式料理店，座位也有三十個左右。

不久之前，我在朋友的介紹下知道了這家餐廳。

這裡賣的是中式創意料理，也提供藥膳料理，食材都經過精心挑選，非常注重客人的健康。而且價格也很平易近人，是一間令人一有機會就想過來用餐的餐廳。

然而，這間店決定在半年後歇業。

原因是負責掌廚的老闆已經年過七十，就年齡而言，要繼續做下去是有困難的。店裡原本有學徒會協助做料理，但那個學徒已決定離開京都，回老家開一間新餐廳。

當我表達自己的惋惜之意時，老闆忽然遙望著遠方說道：

「把店收了，我只有一個遺憾。」

我到這裡開店已經是三十多年前的事了。

那正好是從昭和轉變為平成的時期，擁有一間自己的店一直是我的夢想，而我終於如願以償，而且很快就有了常客，正是順風順水的時候。

當時，有位客人對我抱怨說：

「麻煩你讓小孩子安靜下來。」

因為許多父母都會帶著孩子到我店裡用餐，孩子們有時會在店裡跑來跑去。大多數情況下，父母都會管教孩子，但也有不少父母放任孩子自由玩耍。

而那個時候，店裡剛好來了一家四口。

那對父母帶著兩個孩子，一男一女，點了好幾道料理。

「爸爸——我好餓——」女孩像是等不及了。

「抱歉，再等一會兒就好。」爸爸說道，語氣中充滿了愧疚。

可能是因為爸爸的工作關係，到了這個時間才吃飯，對小孩子來說，已經是餓壞了的時間吧。

那一天，店裡也幾乎坐滿了。上菜的時間也稍微長了一些。

然後，女孩等得不耐煩，放聲大哭起來。

「嗚哇——我肚子好餓啊——」

這個哭鬧聲引起了店裡好幾個客人的目光。

爸爸一臉歉意地哄着孩子說：「馬上就要上菜了，再忍忍。」

男孩也摸了摸女孩的頭，安慰她說：「不能這樣大聲嚷嚷喔。」看來男孩是哥哥，女孩是妹妹。

儘管爸爸和年幼的哥哥很努力地安撫她，但女孩卻絲毫沒有要停止的跡象。

這時，一位客人「嘖」了一聲。當我太太急急忙忙準備要去道歉時，那位爸爸好像注意到了這一點，把女孩帶到店外。

看到這一幕，雖然可能很不禮貌，但我能理解其他客人想咂嘴的心情。

因為哥哥和爸爸想盡辦法要讓妹妹別哭了，但孩子的媽媽卻什麼也沒做。不光是什麼都沒做，她還帶著微笑看著他們。

當孩子在店裡大吵大鬧時，雖然我明白孩子們是很不受控的，但孩子的父母完全不管教的行為反而會讓我很惱火。

那對父女剛出店門沒多久，我就把做好的料理送到那一家人的桌子上。接著，男孩說：「我去叫爸爸來。」然後就往外走了。當時，那位媽媽也只是向我點頭示意。

或許是我們店的料理有合胃口，幾天後，這一家人又到店裡來了。女孩偶爾還是會鬧脾氣，但媽媽還是沒有幫忙安撫。

在那之後，這一家人每個星期都會來光顧三次左右。

如果客人變成了常客，在閒聊的過程中我會慢慢了解對方的工作。但那位爸爸帶著年幼的孩子，還得照顧他們，所以我跟他沒什麼機會聊天，我甚至連他的名字都不知道。

有一天，那位爸爸穿著西裝來到店裡。因為時間比平時晚了一些，我想他是下班後直接過來的。

當時我的店生意好到沒有預約是進不來的，所以，哪怕是這一家人來了，有好幾次我也不得不在門口拒絕他們。

有時候女孩會哭著說：「我就是想吃這裡的飯！」她的哥哥總是會跟爸爸一起安撫她說：「別哭了，今天沒辦法，我們下次再來吧。」

我對「孩子的媽媽難道不會做飯嗎」這點感到有點惱火，但我還是把店裡的電話號碼給了他們，請他們下次最好先預約再過來。

隔天，在預約的客人名單裡出現了那一家人。這時我才第一次知道他們的姓氏。

他們的預約時間是晚上九點。對小孩子來說，這個晚餐時間太晚了。雖然店裡生意很好，但八點過後就會有空位了，我告訴他們可以提前過來，但他們還是預約了九點的時段。

不出所料，女孩看起來很睏，一進店裡就開始鬧脾氣說：「我現在就想吃！」

「抱歉啊，爸爸工作到太晚了，對不起……」

爸爸多次向女兒道歉，但餓著肚子的小孩怎麼有辦法安靜下來呢。

這時，我終於明白了。這一家的媽媽既不會做家事，也不會養育孩子。再這樣下去，孩子們實在太可憐了，於是我做了菜單上沒有的小飯糰，送到這家人的桌上。

「妹妹，妳先吃這個，再等一下下好嗎？」

女孩立刻從我手中接過飯糰。

哥哥見狀立刻糾正她，說：「真實，要說謝謝！」

「原來妳的名字叫真實呀。快吃吧，也有哥哥的份。」

我把哥哥的飯糰也遞了出去。

「不好意思，老是給您添麻煩，謝謝您特地做的飯糰。」

爸爸語氣中滿是歉意，但媽媽卻連一句謝謝也沒說。

我非常火大，很嚴厲地對那位媽媽說道：

「妳一個做媽媽的，好歹偶爾做一頓家常菜吧。不然我可以教妳啊！」

孩子們非常專注地吃著飯糰，一旁的爸爸則是一臉不可思議的看著我。

那一瞬間，媽媽的身影越來越淡薄，最後消失了。我嚇了一大跳，當場癱坐在地。「人消失了……」我雖然驚恐，但一想到那是鬼魂後，似乎又說得通了。

我開始好奇地想，那個看起來像是媽媽的女人，和這兩個孩子是什麼關係呢？

爸爸很擔憂地問我：「您沒事吧？」等我回過神來，我趕緊起身去把料理完成。

等孩子們吃完飯已經是晚上十點多的事了，他們在店裡的榻榻米休息區上呼呼大睡。

那個女人應該是這兩個孩子的媽媽吧？最後，我的好奇心戰勝了恐懼，我這才第一次從那位爸爸的口中得知這個家的事。

穩重可靠的大兒子是五歲的友弘，有點愛哭的妹妹則是三歲的真實。他們夫妻倆都來自關東地區，友弘也是在關東出生的，後來夫妻倆因為工作的關係來到京都，生下了真實。

然而，媽媽在分娩後不久就病倒了，在與病魔抗爭一年後去世了。

過世的太太和先生的老家都在關東，所以他們在京都沒有親戚可以依靠。先生一度想換工作，搬回離老家近一點的地方，但因為在這裡有和妻子共度的美好回憶，所以最後仍決定繼續在這裡打拼。

他們之所以喜歡我的店，是因為這裡有「媽媽的粥」。聽說太太住院期間只能吃粥，所以就買了藥膳粥，全家人一起吃。當時的味道和我們店裡藥膳湯的味道很相似。所以孩子們把藥膳粥稱為「媽媽的粥」，即便先生工作到很晚，只要孩子們說想吃我們店裡的料理，爸爸就會帶他們過來。聽著這些往事，我止不住淚水，不由自主地大聲說道：

「好，從今以後我來給孩子們做飯，我會到府上去接他們。」

聽到我這麼說，爸爸婉拒了，但我請求他讓我這麼做。

我們一來一往的交談音量太大，把孩子們都吵醒了。

兩人同時問道：「媽媽在哪裡？」

爸爸苦笑著說，有時候兩人睡迷糊了，就會問媽媽在哪裡。

「媽媽在遙遠的天上守護著你們兩個哦。」

他溫和地向孩子們解釋。

不是那樣的。我忍不住大聲說出來。

「不是那樣的，媽媽就在你們兩個的身邊，時時刻刻守護著你們。」

孩子們好奇地看著認真說出這種話的大人。

「伯伯說這些不是要安慰你們，是真的看到媽媽就在你們身邊，雖然不知道為什麼，但伯伯就是看得見。」

我希望孩子們可以明白，我是真的看見了。

兩人笑咪咪地說著「我就知道一定是這樣」、「真實也這麼覺得」。

爸爸聽到之後，嘀咕地說：「原來是真的嗎？」

「有時候孩子們會說『媽媽剛剛還在這裡』，出門的時候也會說『媽媽也一起去吧』，其實我是有點擔心的，原來她真的就在我們身邊啊。」

他的眼睛裡有東西閃閃發光著。

住持，從那之後我就再也沒有看見孩子們的媽媽了。而過了某個時期以後，那兩個孩子也看不見她了。

我和孩子們當時看見的是幻覺嗎？沒有辦法確認這一點一直讓我覺得很遺憾。如果不是幻覺的話，他們的媽媽現在怎麼樣了呢……

聽著老闆的故事，不知不覺間，我也哭了。我想那位媽媽離世後也一直照看著孩子們。

「那絕對不是幻覺。」我是這麼回答老闆的。

這是因為，除了部分教派之外，佛教是肯定靈體的存在的。我們認為，曾經活過的人，其靈魂會在死後繼續平行存在於這個世界。

不過，信奉阿彌陀佛的教派（編按：日本淨土宗）認為，人們會在死後前往極樂淨土，所以死者的靈魂不存在於這個世界上。

我這麼說並不是根據日蓮宗的教義，而是透過自己的親身經歷看到、感受到，我相信祂們就存在於我們活著的人身邊。

但為什麼人們會看得見或看不見呢？

我想這很可能是由於人腦結構或基因問題造成的。由於一旦開啟這個話題就會變成長篇大論，因此這裡暫且省略不談，但我相信，這個論點總有一天會被科學證明的。

有些人說，是因為靈體已經輪迴轉世，所以看不見了，但我認為這種可能性很小。這是因為人間世界的時間和死後世界的時間有很大的差異。

據說，在深海裡的龍宮城待上一兩天，就相當於人間世界的五十年。所以我認為浦島太郎的故事所言不假。

我認為在死後世界中，死者要等到輪迴轉世，恐怕需要相當於人間世界好幾百年的時間。雖然非常漫長，但這不一定是壞事。因為這意味著在我們死後，一定會在另一個世界與我們的父母和祖先相見。

因此，為了到時候能無愧於祖先，「活出不會被祖先訓斥的人生」才是我們現在最重要的事。

聽完我說的這番話以後，老闆對著身旁的學徒喊道：

「喂！你聽見住持的話了嗎？」

「聽見了！我以後也會繼續努力，到時候才不會被媽媽罵。」

站在一旁的，是已經長大成人，成為一名優秀青年的友弘。

我想他現在應該在關東家鄉的一隅，熬煮著「媽媽的粥」吧。

# 女兒節人形娃娃

我曾經被問過：「和尚也有退休年齡嗎？」

基本上，我們是沒有退休年齡的。這麼說可能有些用詞不當，但有另一個詞叫做「隱居」。

然而，對於和尚來說，隱居後也得過著最低限度的出家人生活。隱居不代表我們就可以隨心所欲的賭博或飲酒。請注意，這只是日蓮宗的情況，根據宗派不同，實際情況可能會有所不同。

各位讀者中或許也有已經退休，或接近退休年齡的人。

接下來要分享的，是關於一對夫妻在丈夫退休後決定搬離城市，前往一個安靜的鄉村生活的故事。

「住家附近就有超市或便利商店，需要的東西就算在深夜也買得到」，我們夫妻倆一直以來都是過著這樣的生活。日常生活中唯一不方便的，就是上下班時需要步行十分鐘左右到車站，但在我退休之後，這樣的不便也不再是缺點了。

我們猶豫了很久，畢竟不曉得沉浸現代生活多年的我們，是不是真的能夠適應鄉村生活。

我們走遍了各個鄉村，大約兩年後，我們遇到了一片非常美麗的景色。

那是一個田野遍布、泥土芬芳的地方。

田裡生長的綠油油水稻被微風輕撫，宛如貓狗背上的毛皮般輕輕塌下，又像波浪一樣起起伏伏。

天空中，讓我重新見識到「純白」的雲朵從山坡上探出頭來。

蟲鳴、鳥囀，甚至是流淌的河水聲，都像是精心計算過的立體聲般傳入耳中。

不知不覺間，我的眼淚已經奪眶而出。當時，站在我身旁的妻子緊緊地握住我的手，她的眼裡也噙滿了淚水。妻子似乎也不明白我們為什麼在流淚，只是看著我笑了。

也許人類天生就有一種本能反應，在受到深深的感動時，眼淚就會流出來。

我們夫妻倆決定要搬到這裡來。

幸運的是，我們在附近找到了一棟老房子。以前我們都是住在公寓裡，因此對我們來說，這房子的空間實在是太寬敞了，但這些都無所謂，我們只想盡快在這裡安頓下來。

幾週後，為了讓生活更加舒適，我們對房子內部做了一些翻修，嚮往已久的鄉村生活就這樣開始了。

我們才剛搬到一個新地方，雖然有諸多不便，但也不覺得辛苦，唯獨一件事是我久久無法適應的。

那是在某個晚上發生的事。當我鋪好被褥準備睡覺時，天花板突然傳來了「嘎吱——嘎吱——」的聲響。

這是只在公寓生活過的我們不曾聽過的聲音，我以為這就是所謂的「家鳴」。

我聽說過，木造房子所使用的木材會因為潮濕和乾燥而收縮，進而發出這樣的聲響，但音量遠遠比我想像中的更大，令我很訝異。

我小時候居住的地方也是獨棟住宅，但我從來沒聽過這麼大聲響的家鳴。

雖然不是每天都會這樣，但一旦響起「嘎吱、喀嚓」的聲音，就會持續幾十分鐘。躺在我身邊的妻子似乎完全不受影響，徑自睡著了。

但我一旦開始在意，就會忍不住專注在那個聲音上，雖然我試圖把注意力轉移到其他事，但我卻始終無法忘懷，直到聲音完全停止之前，我都無法入睡。

過了一段時間後的某天晚上。我鋪完妻子的被褥，開始鋪自己的被褥時……

「咚咚咚——咚咚——」

從天花板上傳來的這個聲音和以往我感受到的家鳴明顯不同。儘管我有這樣的感覺，但畢竟我們住在老房子裡，就算有小動物或其他東西鑽進天花板也是合情合理的，於是我就沒有多加理會。

幾天後的晚上，家中又傳來了「咚咚咚——」的聲音。我已經慢慢習慣家鳴了，所以打算就這樣直接入睡。

「碰碰碰——」

前所未有的巨大聲響布滿了整個房間。「天花板上有東西在走動！」我只能這麼想。就算是小動物誤闖，但尋常動物絕對不可能造成這麼大的聲響。那天晚上，我徹夜未眠，直到天亮。

隔天早上，等到妻子也起床後，我決定要上閣樓看一看。

我拿著手電筒，推開衣櫥的天花板，然後爬上閣樓。

即便已是白天，閣樓仍漆黑一片，沒有燈光的話什麼也看不見。我用手電筒照了一下，上頭有一層薄薄的灰塵，不過比我想像的還要乾淨。

我爬進閣樓，用燈光照亮了周圍。雖然要稍微彎腰，但閣樓的空間還算是寬敞，如果整理乾淨的話，甚至能當成一個房間使用。

我拿著手電筒四處照，一邊思考我們臥室的正上方是在哪個位置。這時我注意到一件事，閣樓上有一小塊地方是沒有灰塵的。仔細一看，會發現它的形狀就像是一個人的腳印。這種地方怎麼可能會留下人的腳印呢？可能是猴子闖進來了吧。

如果沿著腳印走，會發現它正朝著某個方向延伸。當我走到我們夫妻倆睡覺的臥室附近，我看見那裡有很多個腳印相互重疊在一起。

昨晚的巨響肯定是由一隻或好幾隻猴子上竄下跳、四處奔跑造成的吧。但我無法確切知道牠們是在這裡做什麼，除了這樣的結論以外，也得不出其他答案。

找到昨晚聲響的原因後，我稍微鬆了一口氣，正當我要沿著原路掉頭回去時，我發現了一個盒子。或許是前一個住戶遺留的東西，我決定把盒子帶下閣樓。盒子不大，一隻手就拿得住。

我從閣樓回來的時候，妻子跑來迎接我，彷彿我們是久別重逢一樣。

我說我找到了一個盒子，兩個人一起打開看看吧。妻子看起來有點不安，但我還是掀開了蓋子確認裡面的東西。盒子裡有兩個用薄紙包裹的人形娃娃。我掀開薄紙一看，是兩尊很漂亮的女兒節人形娃娃，一個男雛，一個女雛。

「不曉得祂們待在閣樓裡多久了，搞不好就是祂們在閣樓走來走去，要我們放他們出來呢。」

妻子連連點頭。

不過今年的女兒節已經結束了，但既然都把祂們翻出來了，我決定把祂們擺放在玄關。這麼寬敞的房子裡只有我們兩個老人，擺上了男雛和女雛後，有種家人變多的感覺。

那天晚上我做了一個夢。

我夢見我的兒子和媳婦在我們搬家後第一次來看我們。

「好久不見了呢，你們倆過得好嗎？來，進來吧。」

「爸，好久不見。很高興看到您過得很好。我們還有時間，可以待久一點。」

「喔，這樣啊。能待多久就待多久吧。」

兒子夫妻倆、妻子和我一起吃了晚餐。

吃完晚飯後，兒子用異常嚴肅的表情對我說：

「爸，媽，謝謝你們做的一切。我很感謝你們生下了我。好好放心吧，以後我們會繼續陪在你們身邊的。所以不用擔心我們，你們自己過得幸福快樂就好了。不管爸媽搬到哪裡，我們都會和你們在一起的。」

當兒子和媳婦露出溫和的笑容時，我從夢裡醒了過來。當我看向身旁的妻子時，她也在看著我。我把剛剛做的夢告訴了妻子。

「我也做了同樣的夢。」

當時，她說得很小聲，但卻說得很清楚。這是我久違地聽見妻子的聲音。

我們夫妻只有一個獨生子。他是個善良的孩子。在他結婚以後，我們總是盼著能早日抱孫，結果兒子和媳婦遭遇了交通事故，雙雙離開人世。

妻子受到很大的打擊，從此就說不出話來。我希望能緩和妻子受到的精神打擊，於是決定搬離城市到鄉下生活。

我突然很好奇，玄關的女兒節人形娃娃怎麼樣了，於是牽著妻子的手過去查看。奇怪的是，兩個人形娃娃的眼睛都在流淚。我不知道其中的原因或理由。如果說是我們一廂情願的話，那也就罷了。但我們夫妻倆堅信兒子和媳婦的靈魂就寄宿在這兩個人形娃娃之中。

從做了這個夢的那天起，我的妻子就能開口說話了。原來世上還是有奇蹟的呢。

說到人形娃娃，經常會讓人聯想到鬼故事中的角色，像是被詛咒的人形娃娃或會自己動的人形娃娃等等。不知道為什麼，人形娃娃只要舊了一點，就會給人一種可怕的印象，然而，娃娃並不全都是可怕的。

人形娃娃，也被稱作「人偶」。在這種情況下，祂就像一個護身符，可以用來擋掉疾病或災難。我說這種話可能會挨罵，但從這個意義上來講，佛像也可以看作是人偶。

人形娃娃也是一種保護你的存在。所以家裡如果有不常拿出來的人形娃娃，哪怕一年只有一次也好，希望大家可以將之拿出來擺放一下。

最後，故事中的丈夫講述了發生在他自己身上的一個奇蹟。

「我是個把工作放在第一位的人，完全不相信任何看不見的東西。

所以，無論是為了鄉村風景而流淚，還是感受到兒子和媳婦的存在，直到現在這個年紀，我才相信與那個看不見的世界的連結。

現在，每當我聽見妻子的聲音時，我都會想起對看不見的事物抱持感激之情的重要性，我會就此度過餘生。」

# 第四章

# 祈

在日本，有一種東西叫做被詛咒的稻草娃娃。雖然沒有科學根據，但實際上表示「詛咒有效」的人還不在少數。

詛咒並非日本獨有的東西。世界各地都有這樣的存在，從黑魔法、巫毒等著名的物事到個人發明的巫術都有。有多少人想讓別人不幸，世界上就有多少詛咒。

本來，咒的異體字「呪」寫作一個口、一個兄，但這其實不是指哥哥的兄，而是指一個人跪著祈禱的樣子。也就是說，他們在為人們口中說出來的話祈禱。為了滿足自己的欲望，說出對自己有利的話，並且希望它能夠實現。

那麼，「詛咒」的反義詞是什麼呢？

那就是「祈禱」。祈禱基本上都是希望別人幸福。日文中的「祈」是簡化過的字，原始的字型是「禱」。「示」字旁代表著祭壇會長長久久（長壽）的意思（其中有多種說法）。「壽」經常用於希望長久存在的事物，例如「長壽」或「天壽」。因此，祈禱就是希望他人的幸福能夠長久持續下去的願望本身。

我衷心希望這個世界不會充滿詛咒，而是成為一個為彼此的幸福祈禱的世界。

# 神祕的護理師

「一切都是從搬進了公司的新倉庫開始的。」

在某公司工作的谷本先生這樣告訴我。

谷本先生任職的公司位於京都郊區，為了擴大業務範圍，該公司將事業版圖拓展到其他行業。

為此，他們需要一個大型倉庫，於是該公司在關西地區的某處購買了土地，在那兒建造了大型倉庫和讓員工免費居住的宿舍。

由於谷本先生還是單身，上司問他要不要試試看擔任新倉庫的管理人員。

因此，谷本先生將以主管的身分前往新倉庫，而他因此在新的工作場所有了恐怖的經歷。

我動身前往新倉庫是在六月初的時候。

員工宿舍和倉庫都還有新建築的味道，我帶著新鮮的心情開工了。

在京都的辦公地點也有幾個我熟識的同事和後輩，大家都充滿幹勁，努力地想讓這項新業務順利發展。

新公司成立後，我姑且掛著主管的頭銜，以往大家都是用姓氏來稱呼我，但在這裡，他們都喊我一聲「主任」。

話雖如此，但我知道自己只是承擔了工作上的責任和指導的角色，並不代表我有任何過人之處。

我告訴大家不用喊我主任，主要因為我還是有點不好意思，所以我請大家稱呼我「谷本」就好了。大家也欣然接受這個提議，說這很像我的行事風格。

幾週後，員工之間開始流傳著各種奇怪事件。

有一個後輩是這麼說的：

「昨天晚上七點左右，我留在第二倉庫加了一會兒班。然後我就感覺到有人的動靜。以時間點來看，我以為是谷本來看看加班的情況，於是便出聲喊道：『是谷本嗎？』結果我聽到一個很簡短的回答：『對！』但奇怪的是，那個聲音怎麼聽都像是一個年輕女子。」

此外，也有類似的事件。

晚上八點左右，我和幾個男同事在員工宿舍的餐廳裡喝酒。其中一位同事說他把菸忘在辦公室裡，然後就起身去拿了。過了一會兒，當那位同事回來時，他全身都在微微顫抖。

我們問他發生了什麼事，他說他回來的路上經過了第二倉庫。隨後，他看見一個人影從第二倉庫的門口晃了進去。他起了疑心，這個時間怎麼會有人出現在這裡。當他走到第二倉庫的門口時，不料卻撞見一個身穿護理師服的女人，低著頭站在那裡。

他想都沒想就劈頭問道：「妳是誰？」結果對方直接穿過第二倉庫的門，進到了裡面。

聽完這個故事，在場的同事沒有一個人笑得出來。因為過去幾週，圍繞第二倉庫發生的撞鬼傳聞甚囂塵上。

第二天，我在附近的超市買了一些鹽，撒在第二倉庫門口。有沒有效果是其次，我只是覺得自己必須為那些害怕的同事們做些什麼。

或許是撒的鹽沒有效果，接下來發生在我身上的事，讓我覺得不只是鹽沒有起作用，甚至可能惹惱了對方。

這一天是剛好是月底結算日，我一路工作到很晚。當我把工作完成的時候，已經是晚上八點多了。

收拾完以後，我關掉了辦公室的燈，走出辦公室，正準備將門上鎖時，忽然看到漆黑的房間裡有一個看起來像是人影的東西。

我很好奇那究竟是什麼，於是透過門上的玻璃往裡頭一看。雖然房間裡一片漆黑，但我還是清楚地看到了。

就在剛才我坐過的辦公桌前，此時坐著一名女性護理師。我忍不住放聲大叫，當場跌坐在地。有好幾個同事聽見動靜，紛紛趕了過來。我在他們的攙扶下起身，再往房間裡看時，發現那裡已經沒有人了。

在那之後，再也沒有人親身遇到那個護理師，反倒是目擊「谷本先生房裡的窗框邊站著一個很像護理師的人」或是「我看見她緊貼在谷本先生的身後」等等，也就是說，那個神祕的護理師越來越頻繁地出現在我附近。

漸漸地，祂只會被目擊到出現在我身邊，說實話，我感受到一種與其他人不同的恐懼。因為有個來歷不明的存在正慢慢接近自己……為什麼會變成這樣呢？當時，我唯一想到的是，或許因為我是主管，所以祂才想對我訴說些什麼吧。

有一天晚上，當我在房間裡睡覺時，忽然覺得四周有動靜，於是我就醒了過來。我驚恐地抬起頭，發現我前幾天在辦公室看到的那個護理師正低垂著頭向我走來。我躺在床上，無法動彈，也無法發出聲音。

女人走到我的床邊，看著我的臉說：

「是你叫我的嗎？是你叫我的吧……」

我非常害怕，奮力地搖了搖頭，然後祂就消失了。

這個神祕護理師的傳聞在公司內無人不知，越來越多員工不願意加班或不敢去第二倉庫。甚至有同事表示，如果要繼續在這個倉庫工作，就會考慮離職。

既然事情發展到這個地步，哪怕會稍微耽誤到工作，找出原因加以解決才是當務之急。如果繼續這樣被糾纏下去的話，這個倉庫我恐怕也待不下去了。

總之，我向總公司的上司報告了「靈異事件」的內容。我已經做好心理準備，可能會被罵說這是什麼蠢話，或是被嘲笑等等。但上司的反應卻出乎我的意料。當我報告完所有事情後，他嘀咕了幾句，好像知道什麼內情。

「原來真有這樣的事啊。如果是女護理師的話，那肯定沒錯……」

上司娓娓道來的，是一個我未曾聽聞且令人驚訝的事實。

據說在這個新倉庫建成之前，這裡有好幾家飯店。

有一天，某家飯店的一間客房裡發生了一起謀殺案。而當時被殺害的就是一名女性護理師。

在那起事件發生不久後，周圍的飯店陸陸續續傳出有人目擊到那位護理師。因為目擊事件頻傳，謠言四起，失去客流的飯店都因為經營狀況惡化而接連歇業。這些飯店被拆除以後，新建成的建築就是現在的倉庫。

但是──護理師謀殺案已經過去幾十年了，為什麼直到最近她的幽靈才頻繁出現呢？我心想，背後一定有什麼原因，於是決定進一步了解這起事件。總公司也允許我放下工作一段時間，讓我徹底調查這件事。

然而，儘管我在網路和過去的報章雜誌上做了很多調查，但都無法找到跟這起事件相關的資訊。

當情況陷入僵局時，我注意到工廠附近有一座小寺廟。由於這座寺廟已經在同一個地方矗立了很長一段時間，可能會有一些線索，所以我決定前去和寺廟的住持談談。

但實際到了那座寺廟，卻發現裡面一點人跡都沒有，就連看似正殿的建築也損毀得很嚴重。一眼就看得出來這是一座廢棄的寺廟。

我想三木住持可能會對那座寺廟有所了解，所以才前來拜訪您的。

谷本先生出於這樣的原因前來找我。

於是，我向那座寺廟附近的一間認識的寺廟打聽了一下。

隨後得知，谷本先生提到的那座寺廟確實已經廢棄多年了。而且那座寺廟並不屬於任何現有宗教，是一座獨立寺院。所謂的獨立寺院，是指寺方提出自己的宗旨，並建立與現有宗教不同教派的寺院。

也許是因為這個原因，這座寺廟的住持過世後，未有繼任者，寺廟也就荒廢了。

可能是因為我很認真地想了解那座寺廟的情況，認識的寺廟住持問我為什麼會對那座寺廟感興趣。

於是，我就把谷本先生公司發生的事情告訴他。接著那位住持表示，他知道這件事的詳細情況。

事件發生在數十年前，住在附近的一名護理師被當時不願意和平分手的男友勒死。而參加她喪禮的住持，就是我剛才打聽的那座廢棄寺廟的住持。

所以，當時那座寺廟裡建了一座墳墓。

谷本先生說他要再去一次廢寺看看那座墳墓，由於我也非常好奇，所以便跟他約好了一同前往。

廢寺的建築物年久失修，寺內用地也一片荒蕪，但我們還是找到了墓地的位置。從沒有墓碑這一點來看，那座墓很有可能已經搬遷了。

「谷本先生，這裡好像沒有什麼線索……」

當我出聲叫他時，谷本先生突然從樹叢裡喊道：「這裡還有一座墳墓！」

我走進了樹叢，發現那裡豎立著一塊小墓碑。

因為長年沒有人打理，墓碑上污跡斑斑。但將那些難以辨識的的字連在一起時……

「啊，原來是這樣啊……」

看到墓碑後，我終於明白了。那塊墓碑上寫著：

「谷本由佳理」

谷本先生和受害女子的姓氏恰好相同。

我們倆的想法是這樣的。

在新建的工廠裡，每當聽到有人喊「谷本」的時候，護理師谷本小姐就認為有人記得她而冒了出來。所以，每當有人喊「谷本」的時候，她就會向附近的男性確認「是在叫我對吧？」但她完全不知道大家喊的是同姓氏的谷本先生。

雖然不知道她的墓碑為什麼會被遺留在廢寺裡，但多年來她一定很孤獨。

谷本先生經過調查了解情況後，決定把谷本由佳理小姐的墳墓遷往附近的寺廟供養。在那之後，就沒有人再看到護理師的幽靈了。

時隔數十年聽見別人喊自己的名字，護理師谷本小姐一定很高興吧。

去世的人也和活著的人一樣，如果不再有人喊自己的名字的話，心裡會很難受的。

# 夜釣

很久很久以前，在佛陀還化身為人待在印度的時代，當時是有很多戒律的。最後，當佛陀病倒、即將迎來涅槃的時刻，佛陀如此交代他的弟子們：

「除了重要的戒律以外，其餘通通可以廢除。」

當佛陀進入涅槃後，弟子們開始討論戒律的存廢。他們決定遵照佛陀的遺願，廢除那些重要性不高的戒律。

然而，這個討論過程卻異常艱難。因為他們沒有一個基準可以去判斷哪些戒律要保留、哪些又該廢除。結果他們還是把所有戒律都保留了下來。

不過，隨著時代和環境的變化，很多戒律自然消失了。例如，有一條戒律是「不蓄金銀財寶」。

也就是說，在見習僧的階段不能儲蓄錢財。如果飲食和生活起居都有人照料的話，這點還無可厚非，但如果沒有的話，現代生活還是需要儲蓄的。

當然，可能有人會譴責，你可以吃山林中自然生長的花草和果實，也可以喝河水解渴。但山林也有所有人，還必須取得對方的許可……考量到這些，要這麼做似乎不太現實。

像這樣，那些在過往討論中沒有被廢除的戒律，到了現代社會，便隨著社會環境和法律的變化，自然而然地消失。

其中，最常引起爭議的就是釣魚。

人們會爭論釣魚這個行為，是否抵觸了佛教的「不殺生戒」——不殺害眾生生命的戒律。

在會釣魚的和尚中，有些人表示他們對釣上來的魚之生命心存感激，所以就算吃了牠也「不算殺生」。也有些人說他們「即使釣到了魚也會將其放生」，並沒有真的把生命吃下肚。

這個議題很難有明確的答案，但就我而言，我根本就不釣魚。不，嚴格來說，我是沒有辦法去釣魚。

我會這麼說，是因為自從我出家以來，只要有人約我去釣魚、安排好行程的話，我在前一晚就會開始發高燒，且屢試不爽。就算說好我只看不釣，當天我還是會因為發高燒而去不了。看來我的業障相當重，所以我是完全不會去釣魚的。

接下來我要分享的，就是關於釣魚的故事。

我熱愛釣魚勝過一切，若說我是為了釣魚而工作也不為過。我甚至覺得把時間拿來吃飯、睡覺都很可惜，所以每逢休假日，我總是一大早就出門釣魚。

某次休假，我參加了一個旅行團，搭乘漁船到一個無人島上釣魚。

這個島是我釣魚生涯中最有趣的釣點之一。島上有岩石陡峭的地方，有懸崖峭壁的地方，再往深處走，也有海浪較為平靜的地方，光是在這座島上就能享受各種釣魚的樂趣。

但是，這個旅行團有必須遵守的規則，那就是一定要在傍晚五點前離開島上。

我很想體驗這裡的夜釣，也參加過這個旅行團很多次了，變得比較熟識以後，我詢問主辦單位能不能讓我在這裡夜釣。

但我被拒絕了，因為他們與這座島的管理及擁有者之間已經做了絕對協議。我三番兩次地拜託，但每一次都被拒絕。我甚至直接找上這座島的島主商量，但結果還是一樣。就算我追問原因，也得不到令人信服的答案，只知道這是多年來的老規矩。遭到如此堅定的拒絕後，我反而越來越想在這座島上夜釣了。

於是我租了一艘小船，白天獨自前往島上。我決定要瞞著所有人，更不用說島主了。

那天傍晚，我看準了這座島周圍沒有其他船隻的時間點，在島上登陸。由於這天沒有旅行團進出，所以整座島上只有我一個人。

我決定把帶來的帳篷搭在一個不起眼的地方，等待夜晚到來。

雖然時間已接近傍晚了，但因為是夏天，所以天色還很亮。為了避免被發現，我把帳篷搭在島的另一側，也就是看不到對岸街燈的靠海側。

搭好帳篷後，我打開帶來的便當，提前吃了晚餐。

我在沒人發現的情況下登陸，搭起帳篷，一邊吃飯一邊等待夜幕降臨。我覺得自己就像諜報片的主角一樣。

不一會兒，暮色已過，黑暗逐漸逼近。我做好了夜釣的準備，拿起手電筒，決定先往礁岩區的方向走。

因為這裡位於城鎮的另一邊，所以就算稍微用手電筒照一下也不用擔心會被人發現。

抵達礁岩區後，我把魚竿甩向了海裡，立刻就有垂釣的手感了。這一瞬間，迄今為止無法在這座島上夜釣的壓力一掃而空。我絕對不會因為瞞著所有人來這裡而感到內疚，我完全沉浸在釣魚的樂趣中。

夜釣的醍醐味在於能釣到夜行性魚類。包括星鰻、白帶魚，甚至是因為警戒心太強、白天難以釣到的岩魚，我都接二連三地釣到了。

但也不全然都是好事。在海邊夜釣是伴隨著危險的。四周幾乎完全漆黑一片，尤其是在沒有月光的日子裡，連身旁的事物都無法看清。現代人總是盯著電腦和手機看，在黑暗中的視力尤其會受到影響。

這時月亮出來了，但月光時而會被雲遮住，如果沒有手電筒的話，眼前就是漆黑一片。我覺得繼續留在這個區域會很危險，於是決定轉移陣地。

這次我在比較平坦的釣點重新開始下竿。

我偶爾會用手電筒照亮海面。這是為了刺激魚。當我反覆開關手電筒後，我發現數十公尺外的海面上，瞬間出現了像燈光一樣的東西在閃爍。

難道是有人來巡視了？也許是有漁船注意到我手電筒的光。我大約有一分鐘的時間都沒有再打開手電筒，只是盯著發光的大海。然而，那道光已經消失了。

從那以後，我盡量不使用手電筒，繼續釣魚。大概過了一、兩個小時，海面上又閃爍起一道亮光。

我又停下動作，當我一動也不動時，那道光突然就滅了。

「果然是有人發現了我的存在吧……」我心想，換個地方可能比較好，當我拿起釣具的時候——

海面上再次亮起光芒，那道光越來越大，朝我迎面襲來。

果然被發現了！如果被抓個正著的話，我可能會被指控非法侵入，也可能再也不能來這座島了，我忽然擔心了起來。於是我急忙離開海岸，決定躲到島的中央去。

這座島的中央樹木茂盛，要找地方藏身並不難。我躲進樹叢裡，觀察剛才那道光的動靜。

沒多久，那道光就抵達了岸邊。從我躲藏的地方，可以清楚地看到那道光的來源。

那是一艘小船，船上坐著三個人影。他們一靠岸就下了船，登上小島。走在海岸淺灘上的沙沙聲在黑夜中迴盪。

他們是來找未經允許擅闖這座島的我嗎？不，搞不好這些人也是來夜釣的。我一邊想著，一邊屏息盯著他們。好像可以聽見他們在說什麼。

「右邊沒事嗎？左邊呢？」

他們看起來像是在檢查左右兩側的海岸。

從說話的方式和左右指點確認的樣子來看，我確信他們不是來釣魚的。恐怕是海上保安廳或自衛隊的人在巡邏吧。

三個人在確認海岸沒有異常後，就朝著我這邊的方向走來。繼續待在這裡會被發現的。考慮到這一點，我決定往島上的深處走。

我來過這座島很多次，但從未如此深入到島中央。

在往島中心移動時，整個島就像是一座小山丘，提著釣具走動是相當吃力的事。當我沿著斜坡爬向山丘頂部，尋找可能的藏身之處時，我發現一個像是用磚塊堆起來的小屋，這裡以前可能有過什麼建築物。

我走進小屋，透過像窗戶一樣的東西觀察那三個人的動向。

他們三個人沿著我走來的路，筆直地朝我這邊走了過來。

不妙，不保持距離的話會被發現的。當我要換個地方移動時，我才發現這一帶到處都是由混凝土和磚塊堆砌而成的建築物。

我躲進了一棟外牆嚴重毀損，以前可能是用作廁所的建築物裡。

我之所以選擇這裡，是因為他們三個成年人如果要坐下或休息的話，應該會選擇更寬敞的地方吧。

當我稍微平靜下來後，腦海開始浮現各種擔憂——我還找得到帳篷嗎？我還找得到過來時的小船嗎？但我很快就沒有閒情逸致擔心這些事了。

「沙沙——沙沙——」

他們的腳步聲正一步步逼近。我屏住呼吸，抱住膝蓋坐了下來。

拜託千萬不要被發現……我在心裡默唸了無數次。這時，逼近的腳步聲出現了變化。

「叩——叩——」

腳步聲轉為是踩在堅硬水泥地上的聲音。
我慢慢地站起身，順著聲音傳來的方向看去。
然後，我看到那三個人走進離我這間廁所不遠的建築物裡。
接著響起了點燃打火機的喀嚓聲，他們在草木堆上點火，燃起了一小堆篝火。
他們肯定是休息過後就會離開這座島了。我一邊這麼想，一邊觀察那三個人的模樣。
他們的服裝跟警察或自衛隊的制服很相似。
但仔細一想，不管他們是警察還是自衛隊，在巡邏期間打混摸魚，還升起篝火，感覺有點奇怪。我再仔細打量三人的穿著，發現他們穿的原來是軍裝。因為其中一名男子的左臂上纏著臂章，上頭用紅字寫著「憲兵」兩個字，而且三人都拿著看似是軍刀的東西。
他們到底是什麼人？如果我撞見的是昔日士兵的幽靈，有可能看得這麼清楚嗎……

三人圍坐在篝火旁，好像在聊些什麼。其中一人從口袋裡拿出一張照片給其他人看。

「這樣啊，原來你有個孩子啊。」

「是的，他現在五歲了。為了保護這個孩子及他的未來，我會繼續守護這個地方的。」

「沒錯，因為這是我們的使命。」

這顯然是昔日士兵之間超越時空的對話。這讓躲起來偷聽的我感到很難為情，因為有一段對話是這樣的：

「只要我們誓死守衛，純潔正直的日本人就會迎來和平的時代。到了那個時候，具備是非觀念的大人們肯定會以和為貴，建立一個沒有衝突的世界。」

我們的祖先曾冒著生命危險來守護我們的未來，然而，我卻未經島主的同意就來到了這裡。我擅自闖入、擅自夜釣，我覺得很對不起祖先。而我現在馬上就想離開這座島。我慢慢地走出廁所，決定往停船處走去。

「噹啷！」

因為周遭太黑了，我不小心被腳下的水桶絆了一下，發出很大的聲響。當我心想「出大事了」的時候，已經太遲了。

「是誰！」

士兵們大聲喊道，朝著我的方向跑來。

我拚了命地往停泊船隻的方向拔腿狂奔。但我身上扛著釣具，根本跑不贏這些平時就在鍛鍊身體且訓練有素的人。於是我放棄了逃跑的念頭。

「非常抱歉！」我放下釣具，舉起了雙手。然後大聲喊道：「我是日本人！我是日本人！」然後，士兵們的腳步聲突然停了下來。

直到剛剛，我都還覺得他們是活生生的人，但走到了這一步，不曉得為什麼我這才確信他們都是已故士兵的靈魂。所以我下意識地脫口說出：

「戰爭早就結束了，請你們成佛吧。」

士兵頓了頓，說道：

「你說戰爭結束了？」

我嚇得不敢去看那些士兵，只好緊閉雙眼，用力點頭。

然後，士兵們「哈哈哈」地輕聲笑了起來。

「這種事我們早就知道了。雖然知道，但我們還是在守護這個地方。」

話音剛落，就突然沒有半點動靜了。我小心翼翼地睜開眼睛一看，三個人已經消失，只剩下我一個人呆愣在原地。

隔天，我為自己擅闖小島的事去向島主道歉。

「哦，是這樣嗎……哎呀，其實昨天住在附近的人，有看見一道光射進了島上。」

「咦，您的意思是？」

「這座島上曾建有一座炮臺。很多士兵在此犧牲了。直到今天，島上的最高處仍建有祠堂，也會定期進行供養。」

每當進行供養，或是有人未經允許闖入的時候，這座島的附近就會出現一團像是火球的東西。」

我在海上看見那道慢慢逼近的光，或許就是鎮守此地的士兵靈魂也說不定。

真的是很不可思議的故事。

我在開頭提到了關於戒律的事，我們必須了解戒律之所以存在是為了什麼、又是為誰而設。

戒律是給自己設的，而目的是為了保護自己。戒律可以幫助我們約束自己，盡量不給別人添麻煩，同時讓自己更接近開悟的境界。

如果現代人能夠嚴以律己，各自遵守戒律的話，我相信我們的祖先和那些逝去的人們都能得到安息。

我覺得這個故事就像是三位士兵給我們上的一堂課，告訴我們活著的人應該要懂得自省。

因為我認為，那些士兵不可能沒有察覺到擅闖者的存在。也許他們是故意訴說自己的故事，向生活在現代的我們傳遞出這樣的訊息吧。

最後，男子說道：

「現在回想起來，有很多事情都很難理解，像是在那樣的黑暗中還能清楚地看見那三個士兵，也能清楚地聽見他們的聲音。

我也是這麼想的，即使沒有人相信這個故事，即使大家都嘲笑我的腦子有問題，那也無所謂。多虧了過去的先人們，才會有今天的我們，這是無庸置疑的事實。」

我們必須活出不會讓祖先失望的人生呢。

# 朝生

在關西，有一種「月例參拜」的習俗。

和尚每個月會前往檀家[1]的府上，為其佛壇誦經。

我剛當上住持的時候，檀家數量不多，每個月會去拜訪的人家也只有幾個。其中一戶人家是一對老夫婦經營的日式點心店。每次我去參拜的時候，他們都會請我吃日式點心。由於實在很美味，某次我甚至一連吃了五顆甜饅頭[2]。

美味的原因在於這些日式點心都是「朝生」。「朝生」指的是在每天早晨誕生，預計當天售完的新鮮點心。

1 檀家，意指在特定寺院擁有墓地，透過佈施等方式向寺方提供經濟支柱的人家。
2 甜饅頭，一種和菓子甜品，外型似饅頭，以小麥粉等材料揉製做成外皮，內包甜餡的點心。

我被「朝生」這個詞打動了。日式點心不是製作出來的，而是「誕生」的。他們都是每天一大早開始做饅頭，而那些饅頭最後會進入我或客人的嘴裡。

這就是蘊孕甜饅頭生命的過程。甜饅頭裡充滿生命力，一路擴散到人們的嘴裡和胃裡。

就像魚肉等食物一樣，日式甜點也是有生命的東西。

這對夫婦有一個已婚的兒子，在一間公司工作。

我偶爾會問兒子夫妻倆過得怎麼樣，但他們總是會事不關己地回答：「不知道耶，應該過得還行吧。」

就算問他們：「你們和兒子、媳婦之間發生什麼事了嗎？」他們也是不願意多談的樣子。

歲月流逝，老奶奶去世了。喪禮上，媳婦對著靈柩說：「媽，對不起，我是個不孝的媳婦。謝謝您為我做的一切。」

從媳婦的立場和公婆的立場來看，我想他們之間一定發生了很多事。我沒有深入追問，默默主持完喪禮。喪禮過後，那家日式點心店就歇業了。

幾年後，老爺爺也去世了。而在那場喪禮上，媳婦同樣也對著老爺爺的靈柩表示了歉意和謝意。

大多數情況下，跟婆媳或人際關係有關的問題，雙方都有各自的立場，不見得全是單方面的錯，其中一定也有不少痛苦和沮喪。但媳婦流著眼淚拚命道歉的模樣，讓我感受到人性之美。從那以後，兒子夫妻倆都會進行月例參拜。

有一天，媳婦膝蓋疼痛的舊疾惡化了。她的兼職工作必須長時間久站。

聽說她已經痛了一段時間，但還是忍耐著一直工作到現在。但她也到了極限，只能辭去工作。

每次我前去月例參拜時，總是看到她很擔憂「自己再這樣下去，以後是不是無法走路了」。雖然我不懂醫學，但除了為其供養祖先之外，我也特別為她誦經，祈求她的腳疾能好轉。

就是從這個時候開始，每當我前往月例參拜時，都有一種奇怪的感覺。

尤其是在誦經的時候。偶爾我會感受到老爺爺和老奶奶的存在。這種情況並不是每次都會發生，但根據月份不同，時不時就會感覺到。

就這樣，媳婦膝蓋的疼痛減輕了，現在已經恢復到可以正常走路的程度。奇怪的是，在那之後，我再也感覺不到老爺爺和老奶奶了。也許老夫婦倆是來為她治療的也說不定。

這時，我忽然回想起媳婦在喪禮上道歉的身影。我很好奇當時她為什麼要道歉，她和老夫婦之間又發生了什麼事。只不過，我一直找不到合適的時機詢問，日子就這樣一天天過去了。

老爺爺和老奶奶的周年忌日快到了，就在我們商量好日期的隔月，當我一如往常前去月例參拜時，媳婦告訴我發生了一件奇怪的事情。

他們家掛在牆上的機械時鐘，明明沒有人碰，卻突然自己動起來了。

這個機械時鐘的中央，有一個裝有指針的表盤，上面裝飾了一個會旋轉起舞的人偶。人偶的上方還有一扇窗戶，當窗戶打開時，會有一隻白鴿飛出來。她說，這個時鐘有一天突然自己運轉了起來。

如果只是時鐘自己動了的話，還有可能是其他因素，但這個時鐘裡並沒有裝電池。明明沒有裝電池，它卻自己動了。

我經常聽到這樣的故事，也親身經歷過，所以已經習慣了這些不可思議的現象。「沒有電池也會自己動的東西有很多，這本身不是什麼太稀奇的事。」我如此回答，接著就開始誦讀月例參拜的經文，就在這個時候——我久違地感受到了，是那對老夫婦的存在。我強烈感受到他們兩位就站在我身後，在誦經過程中，我一直很猶豫要不要回頭。

誦讀到經文的最後，當我依序唸出牌位上的戒名時，我看見兩道白影從老夫婦的牌位上飄過。

雖然很難用語言來表達，但我能感受到一種精神上的情感。老夫婦想要傳達一些訊息。

誦經結束後，我向媳婦詢問了至今為止都沒能問出口的婆媳關係，也問了為什麼她在老夫婦的喪禮上要那麼拚命地道歉。

我嫁到這裡，也有了孩子，過得非常幸福。雖然時不時會感受到家風的差異，但這點在任何地方都是如此，因此我也沒有放在心上。

有一天，我讀小學的孩子在學校裡跟朋友打了一架。老師聯繫了我，我也念了孩子幾句。

但公公婆婆看到這一幕，很嚴厲地訓斥了他們的孫子。

「我們家不需要這種小孩！」

就算孩子再怎麼頑皮，說這種話也太過分了。我無法接受，所以忍不住地頂撞了公婆。

但公公婆婆堅持不願意改口，我和他們吵了一架就跑出家門了。離家之後我不知道要去哪裡，於是我打算去附近的公園平復一下心情。

公園裡有一棵大樹。它彷彿在鄙視著意氣用事的我一樣，我也不知道為什麼我會有這樣的感覺，但我覺得那棵樹好像能帶給我力量。

「請給我力量。」

正當我要觸碰那棵樹的時候，我聽到一個很大的聲音說：「不准碰！」

但我周圍一個人都沒有，就只有這一棵大樹。

或許這是對我感情用事的一種警告吧……反思後，我回到了家。

然而，在這段陰影還沒來得及消除之際，就迎來了與公婆離別的時刻。所以，在喪禮上，我才會向靈柩道歉，請求他們原諒感情用事的我。

原來是這樣啊，我突然想通了。於是，我對媳婦問道：

「妳還記得時鐘是什麼時候響起的嗎？」

答案是在老奶奶忌日的一個月前。

也許老奶奶在忌日之前，有話想要對媳婦說吧。

聽完這個故事後，我終於釐清了那些我覺得無法解釋的精神上的情感。

那股精神上的情感，就是做了非常糟糕的事而懊悔的心情，還有沒能道歉的後悔與遺憾。老夫婦肯定是想向媳婦說聲「對不起」的吧。

聽完我這一番話，媳婦淚如雨下。在我看來，媳婦流淚的模樣和老夫婦的身影重疊了。

我認為，言語也是一種「朝生」。

和朝生一樣，言語不是創造出來的，而是自然誕生出來的。所以才會有個詞叫做「言靈」——不經意脫口而出的話也是有生命的。即使說了一些不好的話，如果能當場道歉的話，就不用長時間飽受折磨了。

但知易行難，或許這就是人性吧。

# 膽小鬼

一名女性說：「我是個極度膽小的人。」

我認為，恐懼是一種防禦本能，像我就有懼高症。

人類從高處跌落時會受傷，甚至會死亡。為了避免這樣的危險，我認為恐懼的情緒是必要的。

從這個意義上來說，膽小鬼可以說是擁有很強大的防禦本能。

但這位女性說的「害怕」，不是物理上的恐懼，而是精神上的恐懼。

會害怕靈異現象的人，很多都是想像力豐富的人。

比方說，當騎自行車上坡時，覺得腳越踩越沉重，他們可能會想像「是不是有什麼看不見的東西坐在我後面」；或是當肩膀僵硬痠痛時，他們會想像「是不是有幽靈坐在自己的肩膀上」，像這樣總是會往靈異現象的方面想。

也許他們只是擁有出色的精神感受力，使他們很容易進入科學未能解釋的世界罷了。

那麼，這位自稱非常膽小的女性是屬於哪一種呢？

我在百貨公司八樓的一家餐廳打工。

當時受到新冠疫情影響，在政府縮短營業時間的要求下，我工作的餐廳不得不提早打烊。

那天的閉店時間是晚上八點，所以我們的最後點餐時間是設在晚上七點半。

我在最後點餐時間的十五分鐘前，去各桌詢問客人需不需要做最後加點。

大部分的客人都能理解這個情況，因此最後加點時通常只會點幾杯飲料。

在接完最後點餐的訂單後，我把「休息中」的看板立在店門口，此時，一名中年男子走過來詢問「還能不能用餐」。

我看向廚房裡的店長，店長用嘴型示意我讓客人進來。

這個時候距離最後點餐時間只剩下五分鐘，所以我告訴他：「我們三十分鐘後就要打烊了，沒關係嗎？」

男子說他不介意。由於打烊後我還要負責店裡的打掃和收拾工作，說實話，我不希望客人在這個時間點進來。於是我有些不耐煩地說道：

「從點餐到上菜需要一些時間，可以用餐的時間大概只剩十五到二十分鐘，這樣沒關係嗎？」我的語速很快，明顯表達出自己的不情願。儘管如此，男子還是說沒關係，我只好帶他入座並幫他點餐。

果不其然，等到這位客人離開的時候，已經是超過閉店時間十五分鐘後的事了。

我立刻把碗盤放進洗碗機，開始打掃店裡。把每張桌子都擦拭乾淨後，再將椅子倒掛在桌上。完成以後，我開始做清潔工作。接下來，必須把垃圾收進垃圾袋裡，然後把垃圾袋拿到垃圾集中處。

正常情況下，店裡至少會有兩名兼職人員，但受到疫情影響，餐廳的來客數驟減，這也連帶影響兼職人員的人數，所以清潔工作花費的時間比平常還要更久。

當我進到廚房時，看見店長打開洗碗機的門，像是正在檢查什麼。看起來應該是在我打開開關後，它並未正常運作，裡面的碗盤根本沒有開始洗。至今為止，這台洗碗機三不五時就會出狀況，今天終於壽終正寢了。如果放到明天，可能會出現老鼠或蟑螂，所以我別無選擇，只能用手洗。

我在洗碗的時候，店長很努力地在修理洗碗機，但似乎不太順利。等我終於洗完碗後，店長可能是覺得我的工作量比平時還要多，於是倒了一杯柳橙汁慰勞我。

我實在很想馬上回家，但我也不好意思拒絕店長的心意，只好一口氣喝完杯子裡的果汁。

最近健身房紛紛因疫情歇業了，熱愛健身的店長把垃圾袋像啞鈴一樣舉起又放下，然後對我說：

「辛苦妳工作到這麼晚，真是幫了大忙了。我會把垃圾拿去集中處的，妳可以先回家沒關係。」店長好像知道我為什麼這麼急著把事情做完，所以才對我這麼說。

「好的，那我先下班了。」我換下兼職人員的制服後就匆匆離開了。

其實，我急著回家是有理由的。由於縮短營業時間的關係，許多店家都已打烊。當然，百貨公司本身也很早就關門了。

這一天，手扶梯都已停止運作。我急忙進了電梯，按了一樓。但已經太遲了。電梯內的廣播毫無感情地說道：「本電梯不會停留在不亮燈的樓層。」

這間百貨公司在打烊之後，會關閉除了員工專用出入口以外的所有出入口。所以，我必須在三樓出電梯，前往該樓層的員工專用出入口，然後再走樓梯到地下室的員工專用出入口。

我想早點回家的理由就是這個！

由於目前建築物內部只使用最少的電力，光線昏暗，唯一能聽到的聲音就是我自己「叩叩叩——」的腳步聲。當這個聲音在耳邊迴蕩時，甚至會產生「有人跟在自己身後」的錯覺。

我從小就很膽小，至今仍然不敢接觸鬼故事或恐怖電影。

地下室的員工出入口到通往室外出口的這一段路，是我最不喜歡的，周遭實在是太暗了，感覺就像恐怖電影一樣。這家百貨商場剛建成的時候或許很漂亮，但在客人看不見的地方，乍看之下就像是一片廢墟。

正常營業時間時，這條通道還會有人在搬運貨物，但在縮短營業時間的規定下，人流大幅減少，所以我一直極力想避免必須一個人走這條通道的情況。

我不敢一個人去地下室，所以我決定先走出電梯，等店長過來。

在等待的過程中，我環顧四周，發現許多把視線朝向電梯這裡的假人模特兒。電梯前方有好幾間服飾相關的店家，每間店門口的假人模特兒都擺出「看我」的姿勢。

不知道為什麼，一想到這些在空蕩蕩的店裡等著客人前來的假人模特兒就像現在的我一樣時，我的恐懼感就更強烈了。

「店長怎麼還不快點來呀？」雖然知道店長很無辜，但我對他遲遲沒有出現感到很煩躁。

也許只有我會這樣，但當我在等人或等其他事情而感到煩躁時，我就會想上廁所。現在正是如此。此外，我覺得下班前店長給我的那杯果汁也很該死。

我想去上廁所，但又怕得不敢去，所以我決定回去店裡找遲遲沒有現身的店長。

當我抵達店門口時，「休息中」看板的另一側已經完全熄燈了，依然沒看到店長的人影。

「店長在嗎？」我在店外喊了一聲，但無人回應。我覺得自己被遺留在另一個世界裡。

我別無選擇，只能回到電梯前。我從剛才一直都待在這裡，所以店長不可能已經下樓了。

我立刻撥打了店長的手機。但另一頭傳來的聲音卻是：「您撥的號碼沒有回應，請稍候再撥……」

這時我才意識到：還有另一種方法可以下樓，就是「員工專用樓梯」！

那座樓梯平時是員工在走的，但緊急情況時也可以提供給客人使用，那是一座頗為寬闊的樓梯。所以，就算提著好幾包垃圾袋下樓，也沒有什麼阻礙。

畢竟店長的嗜好就是鍛鍊身體，把從八樓走到地下室當作運動也不無可能。他平常在工作時都會把手機關機，所以現在一定是在下樓梯吧。

也就是說，這層樓只剩下我一個人。發覺到這一點後，我又快步走向電梯。不曉得剛才是不是有人搭電梯，電梯現在停在三樓。人們總說，難熬的時間會讓人覺得更漫長，說的就是這個時候的我吧。

雖然希望電梯快點來，但顯示樓層面版的燈卻只是緩慢地跳動。

電梯終於來了，我順利地搭上電梯。我按下「三樓」和「關」的按扭，幾秒後，廣播說道：「電梯門要關了……」

我從緩緩闔上的電梯門縫間，盯著空洞地擺著姿勢的假人模特兒直到最後。跟我剛才待的地方完全不同，電梯裡跟營業時間內一樣明亮，我終於可以鬆口氣了。或許是因為緊繃的神經鬆懈下來，我的肚子比剛才更痛了。

抵達三樓後，電梯門開了。大概是因為我從明亮的電梯裡往外看的緣故，外頭感覺比我剛才待的樓層還要暗。

我幾乎沒有多看周圍一眼，低著頭快步走向員工專用出入口的那扇門。貼著「員工專用」牌子的那扇門，是一道厚重的鐵製門，開口比一般的門還要寬。

打開那道門的時候，門上生鏽的部分發出「吱呀——」的聲響。我順著樓梯一路小跑步，下到了地下室。

地下室又有一扇大鐵門。打開那扇門之後，眼前就是我最害怕的地下通道。

進入地下通道時，陣陣涼意襲來，讓人懷疑裡頭是不是開了空調。而且不知道為什麼，空氣中瀰漫著一股潮濕的霉味。

我感受到一種前所未有的恐懼，我朝出口的方向看過去，一名保全人員正好走了過來。

「都這麼晚了，辛苦了。」保全語氣明朗地對我說道。

「您也辛苦了。現在是要去巡邏嗎？我要往出口的方向……」我滿懷期待地問，也許他能陪我一起走到出口。

然後他說：「這樣啊。剛才有個男的走出去了，妳可能是最後一個了。我現在要上樓巡視一下，看看有沒有人還沒離開。」他的回應和我的期待完全相反。

「這樣啊……」心懷一絲希望的我很失落地說道。

保全有些驚訝地看著我的臉，問了我一個奇怪的問題：

「難道妳看見什麼了嗎？」一時之間，我沒有反應過來他在說什麼。

我錯愕地說：「咦？看到什麼？」保全就岔開了話題說：「不，沒什麼。」

也許答案是很可怕的東西，所以我也不敢再追問下去。

保全向我微微點頭，然後就走進了鐵門。

地下通道只剩下我獨自一人，正當我準備往出口的方向走時，我的肚子突然感覺到一陣難以忍受的疼痛。

即使走到出口，附近也沒有便利商店，而且附近的商家應該早就關門了。然後，在往地下通道出口的反方向，我看到一個寫著「洗手間」的指示牌。

有那麼一瞬間，我對「要往出口的反方向走」有點抗拒，但現在不是說這種話的時候了。也許是疼痛緩解了我的恐懼。

我的肚子痛得厲害，已經跑不動了。我只能順著廁所指示牌的箭頭方向，慢慢走過昏暗的地下通道。

朝著指示牌的方向再往前走一點之後，我就看見了那間廁所。入口處的牌子標示了男廁及女廁，但它昭和時代的設計風格讓人很難辨識哪邊才是女廁。幸好它有用黑色和紅色區分，所以我走進了紅色的那一邊。

廁所裡很寬敞，我連忙走向位在牆壁兩側的一個隔間裡。當我終於得到解脫之後，先前放在一旁的恐懼又甦醒了。這間廁所看起來很寬敞，但每個隔間都很狹窄，果然是在昭和時代建造的吧。

牆上居然還有塗鴉，放到現在的時代來看是很罕見的事。要麼是因為擦不掉，要麼是因為這裡不會給客人使用。

塗鴉上寫滿了用姓名縮寫咒罵某人的話，或是對低薪的抱怨等等。其中，我注意到腳邊一個不起眼的地方寫著一排小字：

千萬別抬頭　對上眼就會變石頭

我的背脊突然一陣發涼。當然，這可能只是有人抱著好玩的心態寫的，但對現在的我來說非常可怕。

「解決完就快點回家吧。」

就在我收拾好準備走出隔間時。

「吱呀——啪——」我聽見開門的聲響。

不知道是不是有人進來了，但完全沒有腳步聲。

我很害怕，決定先待在隔間裡觀察一下。

接著我聽見了咳嗽聲。

果然是有人進來了，一想到附近有人，我就有一種安全感。

但很快這就變成了恐懼感。

在清嗓子般的咳嗽聲後，突然傳來了低沉沙啞的叫聲。

「啊——啊——」

我嚇得雙腿都在發抖。儘管如此，我還是覺得「留在這裡會很危險」，所以我下定決心要衝出去，就在這個時候——

「啊——啊——」的聲音聽起來比剛剛還要接近。

然後，一切突然安靜了下來。

我下意識地抬頭看了廁所上方，想知道發生了什麼事。

我看到了兩個蒼白的腳掌。

更仔細一看，是一個我從未見過的長髮女人飄在我的頭頂上方。

而那個女人正朝下看著我。

我驚恐地看著她，全身像被石化般僵在原地。

然後，那個女人突然瞪大了盯著我看的雙眼，再次發出那個怪異的叫聲：

「啊——」

那一刻，我想起了腳邊的塗鴉。

「千萬別抬頭，對上眼就會變石頭……」我閉上眼睛，低下了頭。

一瞬間，我感覺身體又恢復了力量。

就這樣，我推開眼前的門，跑進地下室的走道，然後一口氣跑向通往戶外的出口。一路上沒有受到任何阻礙，我成功出去了。

我再也不想經歷同樣的事，所以第二天我就打電話給店長，告訴他昨晚發生的事，然後表達我的辭意。

當然，我並不指望他會相信，但我還是一五一十地告訴他了。

接著，店長對我說道：

「這樣啊……妳也碰到了。」

「什麼意思？」儘管我很害怕，但我還是問了。

「其實妳去上的那間廁所並不存在，不，嚴格來說它確實在那裡沒錯。」

「這是什麼意思？」

店長告訴我：「那間地下通道的廁所好像因為管路或什麼東西太老舊，早已用牆封起來了。如果把牆拆掉，就會看見以前的廁所。」

而那間廁所背後還有個悲傷的故事。

「百貨公司剛落成時，員工人數比現在還要多。由於還要跟其他百貨公司及購物中心競爭，這裡逐漸成為我們現在所說的「黑心企業」。據說在公司內部，過勞死、職場霸凌、無薪加班的事件層出不窮。

當時，有一位女子在那間廁所裡上吊自殺。這件事也讓公司重新檢討員工的工作量。

雖然那間廁所已經不能使用了，但包括我在內的幾名員工都有過跟妳類似的經歷，所以百貨公司也有告訴部分租賃經營者。」

店長說，他會向百貨公司提議看看，為那名女子和其他因過勞而死的亡者進行供養。

最後，店長對我說道：

「既然如此，妳得交還兼職人員的員工證才行，我去跟妳拿吧。」

但是，當時我把員工證忘在那間廁所裡了。聽完我的話，店長也只能說：

「那就沒辦法了……」

或許我的員工證真的掉在牆壁另一頭的廁所裡了。

告訴我這個故事的女子說，百貨公司應該已經供養過了，但她自己也想進行供養，於是我在寺裡為那些逝去的員工誦經。

在廁所裡冒出來的女幽靈，也許是想讓別人知道她的委屈。她可能是碰巧找到一個頻率相同的人而對其訴說吧。

有一位名為二宮金次郎的思想家，偶爾我們會在小學裡看見一邊背著柴火、一邊讀書的銅像就是他。

這位思想家有一句名言說：

「沒有道德的經濟是犯罪，沒有經濟的道德則是空談。」

如果只顧著賺錢，最終可能會為此喪命。但是，如果你不在乎金錢、不考慮經濟問題，那麼生活就會無以為繼。

要在道德和經濟之間取得平衡是很困難的。

# 孩子的預言

「未來是已經決定好的嗎？」

問我這個問題的人，是我認識的一位名叫大谷的托兒所保育士。

這個問題非常難回答。根據你現在做出的選擇，未來會隨之產生變化，所以未來具有不確定性。

然而，有因必有果，就這個意義上來說，當你做出選擇的時候，未來在某種程度上就已經決定了。

「為什麼這麼問呢？」

我有點好奇大谷的意圖，所以反問他。

「其實，我不知道您聽了相不相信……」

大谷帶著非常悲傷的表情跟我說了一段經歷。

在我任職的托兒所裡，我們要照顧大約一百個孩子。其中有幾個是殘疾兒童，而我的工作，就是負責照顧這些特殊的孩子。

這是因為我和一般的保育士不同，我擔任的是「加配保育士」。加配保育士除了照顧殘疾兒童，還有另一個角色——我們必須傾聽這些孩子們監護人的煩惱。

例如，從日常生活的小事，到孩子從托兒所畢業後應該要上哪個小學等各方面的諮詢，都是我們要協助家長的事。在這段期間，我遇到了一個很不可思議的孩子。

這個孩子的名字叫和也，是一個患有發展障礙的男孩，他會突然發出很大的聲音，有時候也會說一些沒頭沒腦的話。不過，畢竟他們都還小，所以沒有人會覺得特別奇怪。他們每天都玩得很開心。

有一天，和也的媽媽對我說，她想跟我討論孩子的事。

「他平時說話就不著邊際，所以我也沒有太放在心上，但最近我覺得他好像在說一些不可思議的事。」

根據媽媽的說法，和也曾經在半夜的時候突然哭了起來，說：「很大的呼呼要來了，好可怕，房子會壞掉。」

媽媽安撫他說：「別擔心，房子不會壞掉的。」他才抱著媽媽睡著了。

大約一個星期後，大型颱風襲擊當地，所幸房子沒有大礙，但整個區域的災情都很嚴重。媽媽認為和也所說的「呼呼」，指的就是颱風。

我說這可能只是巧合，媽媽則表示不只這一件事，還有其他類似的情況。

有一次去朋友家玩的時候，和朋友玩耍到一半，和也突然哭著喊：「討厭熱熱、討厭熱熱……」

由於他平時也會說一些沒頭沒尾的話就突然哭起來，媽媽只好不斷安撫他說：「沒關係、沒關係。」等他冷靜下來後再帶他回家。

但幾天之後，那戶人家失火了。或許和也說的「熱熱」，指的就是會發生火災的意思也說不定。

簡單來說，媽媽擔心和也可能有某種預知能力，如果這是真的，他的朋友和周圍的大人可能會把他當成怪人。

但說實話，我覺得這都只是巧合而已。我會這麼說，是因為和也平時就很喜歡說話，即使在托兒所裡一個人待著，他也會自顧自地說個不停。所以我覺得是他偶然說出來的話和現實中發生的事情恰巧一致而已。

我告訴和也的媽媽，我會多加留意和也在托兒所裡的行為舉止，一旦有任何情況都會直接聯繫她。

從第二天開始，我就特別留意和也說的話。

「小鳥，你好。小花，你好。」

在教室裡，他和往常一樣自己一個人，漫不經心地把想到的事都說出來。

「和也都有跟他們打招呼呢，真棒！」

「嗯，因為大家都有跟我打招呼啊。」

他邊說邊對我笑了笑。接著他又說：「小七，你好。」

托兒所裡並沒有叫做「小七」的孩子，所以我問他：「小七是誰呀？」

然後他指著教室的角落說：「在那裡。」當然，那裡一個人也沒有。

「我問你哦，小七是女孩子還是男孩子呀？」

「小七不是人類。」

和也的回答讓我有點害怕，所以我提議：「跟老師一起去外面散步吧。」然後便抱著他往中庭走去。

「嘿，和也，小七的全名叫什麼呀？」我抱著他問道。

「唔——小七就是小七啊。」

他說完就想掙脫我的手，所以我在中庭把他放下了。

我告訴自己，這種情況在這個年齡的孩子上很常見，所以當媽媽來接和也時，我並沒有告訴她這件事。

第二天，和也被媽媽抱著，邊哭邊來到托兒所。這種情況過去也發生過好幾次，可能只是他剛好心情不好，所以我也沒有多想。

「和也，怎麼啦？」

當我從媽媽手中接過和也時，他哭得更大聲了。

「老師，不好意思，他從早上就一直哭個不停。」

媽媽看起來也覺得情況沒有那麼嚴重。

然而，就在這個時候，和也邊哭邊說出了令人驚訝的話。

「嗚啊——大家要好好的，我會在你們身邊的。」

「和也，你說什麼？」

我忍不住反問，但他只是一直哭，我也搞不清楚狀況。

我決定之後再向和也的媽媽回報，先把他安置在托兒所內。

過了大約二十分鐘，和也才停止哭泣。哭了這麼久，或許是累了，他很快就睡著了。

和也睡了將近一個小時，醒來的時候心情很好，他愉快地大喊一聲：「早安——」恢復到平時的狀態。

「和也，你現在感覺好點了嗎？」

我這麼一問，和也用略帶悲傷的表情看著我。接著，他把目光轉向了教室的角落。

「怎麼了？」我又問了一遍，和也突然以前所未有的方式盯著我看。

「我跟你說哦，和也以後不能再抱抱了。不過，一點都不痛的。」

說著說著，他流下了一滴眼淚。

說實話，我很驚訝，因為和也在忍耐。通常這個年齡層的發展障礙兒童是不願意忍耐的，但我一眼就看出和也正在忍住大聲哭泣的衝動。

我不由自主地說出：「和也，你很棒。」

聽到這句話，和也的表情變得非常高興，精神抖擻地回答了一句：「嗯！」

然後他說：「有小七陪著我，所以我不覺得寂寞。」

我有一種不祥的預感，當和也的媽媽來接他時，我把這件事告訴她。媽媽看起來非常傷心地說：「原來他說了這樣的話啊……」

「和也口中的『小七』，應該就是他以前養的狗。」

名為小七的狗是一隻甲斐犬，很聰明，也非常照顧當時剛出生的和也。

「和也只要一開始哭，小七就會馬上蹲在他身邊，用身體磨蹭他，像是安撫般的哄他睡覺。

和也剛開始學會走路時，小七也總是跟在他身邊，一直陪伴他。

有一天，我們在玄關準備要出門去公園時，我一不留神，和也就一個人跑到外面去了。

就在我大喊『和也——』的時候，小七掙脫了項圈，朝著玄關外飛奔而去。

我跟在小七後面，在前方不遠的十字路口看到了和也。我又喊了一聲『和也』，和也轉過身來，就停在十字路口正中間。

就在這一瞬間，一輛車駛入了十字路口。

『危險！』我剛喊出聲，就聽見汽車打滑的聲音。我急忙趕到十字路口，發現和也在放聲大哭。眼前是小七被車撞飛後癱倒在地的身影。」

小七捨身救了和也一命，而和也現在仍然看得見那隻狗，也許牠還在保護著和也。媽媽是這麼說的。

既然牠是在保護和也的話，就讓人放心不少。雖然我還是有點在意和也說過的話，但大約有兩個星期都平安無事地度過了。這一陣子，和也既沒有提起「小七」，也沒有再哭過，我一度覺得是自己操心過頭了。

這天像往常一樣，托育時間結束後，和也的媽媽過來接他了。

「和也，明天見哦。」

和也轉過身來，什麼話也沒說，只是開心地笑著點了點頭。

回家的路上——一輛酒駕的車衝上了人行道，和也因此喪命了。

在那之後，我與悲痛欲絕的媽媽聊了幾句話。

「我覺得和也早就預見自己的死劫了。車禍那天早上，他緊緊地抱住我說『謝謝』，還說『我們以後也會一直在一起，所以不要哭』也許小七也知道這一點，所以來接他了。」

媽媽強忍著淚水這麼對我說。她的表情和那天的和也一模一樣。

大谷在跟我說這件事時，也拚命地忍住淚水。

而我對大谷說的是：

「我不知道未來是不是已經決定好的。然而對我們來說，有一件早已注定的事，那就是『死亡』。雖然每個人面對死亡的時間點不盡相同，但只有這個結果是沒有人能夠改變的未來。

既然我們最終都會死去，那為什麼我們要出生、要活著呢？經文上說，這是為了在人世間修練靈魂。

或許，對和也來說，『忍耐』就是他修行的課題。做到了這一點的和也，也許已完成了他今生的修鍊，往返於另一個世界和這個世界之間。

就像和也一樣，我們也要承受離別的悲傷。」

我的話剛說完，就聽見一個小男孩的聲音，說了一句「謝謝」，還聽見某處傳來了狗的叫聲。

大谷開心地笑了。

「我剛才聽到和也的聲音了。他是不是陪在我身邊呢？」

# 後記

在把從不同人那裡聽來的經驗談匯編成書的過程中，我意識到了一件事。無論是多麼離奇的超自然現象，其實都存在於因果報應的法則中。

凡事都有原因、結果，以及相應的報應。

這顯然不只是這個世界的法則，另一個世界似乎也存在於因果報應的道理中。所以，即使是你第一次聽到的故事，你可能也會覺得曾在別的地方聽過，或許是因為它們都遵循著相同的法則。

在這個世界上作惡的人，死後必然受苦，承受前世的報應。

那麼，我們該怎麼做才能避免在死後受苦呢？

答案就是要在這一生中，盡可能地多累積陰德。

如果你今生多行善事，死後就不會受苦。更具體地說，死後是否能成佛，取決於你如何度過這一生，也就是所謂的「自食其果」。

如果你在這個世界做了壞事，而至死都沒有受到任何報應，那麼你在下輩子也會因為前世的惡行受到報應。

俗話說：「靜心等待，福報自來。」這句話一點也不假。即使沒有得到回報，不代表它永遠不會到來。

雖然看似理所當然，但越了解離奇神祕的世界，就越能切身感受到這一點。

我深切地感受到，比起詭怪奇譎的現象，更可怕的是作惡而死。

這是我從怪奇世界中學到的教誨之一。因此，我想讓每個人都能感受到這一點，所以寫了這本書。

託大家的福，這是我出版的第四本書。

這一切都要歸功於所有的讀者。我向各位表達衷心的感謝。謝謝大家。

合掌

令和三年六月　於京都蓮久寺

三木大雲

# 京都怪奇談：幽冥之門篇

怪談和尚の京都怪奇譚 幽冥の門篇

作　　者　三木大雲
譯　　者　林以庭
主　　編　郭峰吾

總 編 輯　李映慧
執 行 長　陳旭華（steve@bookrep.com.tw）

出　　版　大牌出版 / 遠足文化事業股份有限公司
發　　行　遠足文化事業股份有限公司（讀書共和國出版集團）
地　　址　23141 新北市新店區民權路 108-2 號 9 樓
電　　話　+886-2-2218-1417
郵撥帳號　19504465 遠足文化事業股份有限公司

封面設計　許晉維
排　　版　新鑫電腦排版工作室
印　　製　博創印藝文化事業有限公司
法律顧問　華洋法律事務所　蘇文生律師

定　　價　390 元
初　　版　2024 年 5 月



電子書 E-ISBN
978-626-7378-91-5（EPUB）
978-626-7378-92-2（PDF）

國家圖書館出版品預行編目資料

京都怪奇談：幽冥之門篇 / 三木大雲 著 ; 林以庭 譯 . -- 初版 . -- 新北市 :
大牌出版 , 遠足文化發行 , 2024.05
248 面 ; 14.8×21 公分
譯自 : 怪談和尚の京都怪奇譚 幽冥の門篇
ISBN 978-626-7378-93-9（平裝）
1. 民間故事　2. 日本京都市

539.531　　113005182